D1754061

MIX
Papier aus verantwortungsvollen Quellen
Paper from responsible sources
FSC® C105338

Daniela Maria Götz

QFD und Dienstleistungsinnovationen

Entwicklung von
Dienstleistungsinnovationen
in Abhängigkeit
von Kundenbedürfnissen

Diplomica Verlag GmbH

Götz, Daniela Maria: QFD und Dienstleistungsinnovationen: Entwicklung von
Dienstleistungsinnovationen in Abhängigkeit von Kundenbedürfnissen.
Hamburg, Diplomica Verlag GmbH 2013

Buch-ISBN: 978-3-8428-9761-8
PDF-eBook-ISBN: 978-3-8428-4761-3
Druck/Herstellung: Diplomica® Verlag GmbH, Hamburg, 2013

Bibliografische Information der Deutschen Nationalbibliothek:
Die Deutsche Nationalbibliothek verzeichnet diese Publikation in der Deutschen
Nationalbibliografie; detaillierte bibliografische Daten sind im Internet über
http://dnb.d-nb.de abrufbar.

Das Werk einschließlich aller seiner Teile ist urheberrechtlich geschützt. Jede Verwertung außerhalb der Grenzen des Urheberrechtsgesetzes ist ohne Zustimmung des Verlages unzulässig und strafbar. Dies gilt insbesondere für Vervielfältigungen, Übersetzungen, Mikroverfilmungen und die Einspeicherung und Bearbeitung in elektronischen Systemen.

Die Wiedergabe von Gebrauchsnamen, Handelsnamen, Warenbezeichnungen usw. in diesem Werk berechtigt auch ohne besondere Kennzeichnung nicht zu der Annahme, dass solche Namen im Sinne der Warenzeichen- und Markenschutz-Gesetzgebung als frei zu betrachten wären und daher von jedermann benutzt werden dürften.

Die Informationen in diesem Werk wurden mit Sorgfalt erarbeitet. Dennoch können Fehler nicht vollständig ausgeschlossen werden und die Diplomica Verlag GmbH, die Autoren oder Übersetzer übernehmen keine juristische Verantwortung oder irgendeine Haftung für evtl. verbliebene fehlerhafte Angaben und deren Folgen.

Alle Rechte vorbehalten

© Diplomica Verlag GmbH
Hermannstal 119k, 22119 Hamburg
http://www.diplomica-verlag.de, Hamburg 2013
Printed in Germany

Inhaltsverzeichnis

Inhaltsverzeichnis I
Abbildungsverzeichnis V
Abkürzungsverzeichnis VI
Symbolverzeichnis IX

1. Einleitung 1
1.1. Problemstellung und Zielsetzung 1
1.2. Gang der Untersuchung 2
2. Grundlagen zu Serviceinnovationen 4
2.1. Definitorische Grundlagen 4
    2.1.1. Begriff der Dienstleistung 4
    2.1.2. Begriff der Innovation 6
    2.1.3. Begriff der Serviceinnovation 8
2.2. Wachsende Bedeutung von Dienstleistungsneuheiten 9
2.3. Indikatoren des Erfolges einer Serviceinnovation 11
2.4. Grundzüge des Dienstleistungsinnovationsmanagements 12
    2.4.1. Relevanz der Standardisierung des Innovationsmanagements im Servicebereich 12
    2.4.2. Aufgabengebiete des Dienstleistungsinnovationsmanagements 14
    2.4.3. Unterschiedliche Serviceinnovationsprozesse 17
3. Grundlagen des Quality Function Deployments 20
3.1. Ursprung und Begriff des Quality Function Deployments 20
3.2. Ziele von Quality Function Deployment 21
3.3. Quality Function Deployment als BauJ.S. des Total Quality Management 22
3.4. Grundzüge des Quality Function Deployment Prozesses 23
    3.4.1. Verschiedene Quality Function Deployment Ansätze 24
    3.4.2. „House of Quality" 24
    3.4.3. Verschiedenen Phasen des Service-QFD-Prozesses 26
3.5. Stärken und Schwächen von Quality Function Deployment 28

4. Besonderheiten und Herausforderungen von Serviceinnovationen 30

4.1. Erläuterung der Hauptmerkmale von Dienstleistungen: Intangibilität und Kundenbeteiligung 30

4.2. Besonderheiten von Services im Allgemeinen und Implikationen für die Dienstleistungsentwicklung 31

    4.2.1. Eigenheiten und Implikationen von Dienstleistungen aufgrund der Intangibilität 31

    4.2.2. Eigenheiten und Implikationen von Dienstleistungen aufgrund der Kundenbeteiligung 33

4.3. Besonderheiten von Serviceinnovationen im Speziellen und Implikationen für das Dienstleistungsentwicklungsmanagement 35

    4.3.1. Eigenheiten und Implikationen von Dienstleistungsinnovationen aufgrund der Intangibilität 35

    4.3.2. Eigenheiten und Implikationen von Dienstleistungsinnovationen aufgrund der Kundenbeteiligung 37

5. Relevanz von Quality Function Deployment für das Lösen der Herausforderungen von Serviceinnovationen 40

5.1. Eignung von Quality Function Deployment zur Bewältigung allgemeiner Herauforderungen von Dienstleistungen 40

    5.1.1. Bedeutung der Integration des Kunden in den Serviceinnovationsprozess und Möglichkeiten von Quality Function Deployment für die Umsetzung dieser Integration 40

    5.1.2. Möglichkeiten von Quality Function Deployment für das Lösen der weiteren Herausforderungen von Dienstleistungen 43

5.2. Eignung von Quality Function Deployment zur Bewältigung spezieller Herauforderungen von Dienstleistungsinnovationen 44

    5.2.1. Möglichkeiten von Quality Function Deployment für das Lösen der Herausforderungen von Serviceinnovationen aufgrund der Intangibilität 44

    5.2.2. Möglichkeiten von Quality Function Deployment für das Lösen der Herausforderungen von Serviceinnovationen aufgrund der Kundenbeteiligung 47

6. Entwicklung eines eigenen Serviceinnovationsmanagementkonzepts 50

6.1. Implementierung von Quality Function Deployment in den Dienstleistungsinnovationsprozesses 50

    6.1.1. Zielgruppendefinition als erste Serviceinnovationsprozessphase 52

    6.1.2. Informationsbeschaffung als zweite Serviceinnovationsprozessphase 53

    6.1.3. Übersetzung in Dienstleistungsmerkmale als dritte Serviceinnovationsprozessphase 54

    6.1.4. Kreativer Prozess als vierte Serviceinnovationsprozessphase 59

    6.1.5. Ideenbewertung & -auswahl als fünfte Serviceinnovationsprozessphase 60

    6.1.6. Ergebnisplanung als sechste Serviceinnovationsprozessphase 61

    6.1.7. Prozessplanung als siebte Serviceinnovationsprozessphase 62

    6.1.8. Potenzialplanung als achte Serviceinnovationsprozessphase 63

    6.1.9. Begleitende Testphasen des Serviceinnovationsprozesses 64

6.2. Weitere Faktoren des Dienstleistungsinnovationsmanagements 66

6.3. Grenzen und Implikationen bei der Anwendung von Quality Function Deployment innerhalb des Serviceinnovationsmanagements 74

7. Schlussbetrachtung 75

Anhangsverzeichnis XI

Anhang XII

Literaturverzeichnis XX

Verzeichnis der Expertengespräche XL

Abbildungsverzeichnis

Abb. 1: Aufbau der Arbeit 4
Abb. 2: Innovationsvoraussetzungen 13
Abb. 3: Aufgabenbereiche und Problemfelder des Serviceinnovationsmanagements 15
Abb. 4: Aufgabengebiete des Innovationsmanagements 16
Abb. 5: „Stage-Gate"-Prozess der zweiten Generation für Services 17
Abb. 6: Vorgehensmodell zur Dienstleistungsentwicklung nach Zangemeister ... 19
Abb. 7: Begriffserklärung der japanischen Version von QFD 21
Abb. 8: Ziele von Quality Function Deployment 22
Abb. 9: Säulen des Total Quality Management 23
Abb. 10: Exemplarische Darstellung des QFD-Hauses der Phase I 25
Abb. 11: Service-QFD-Modell 27
Abb. 12: Anforderungen an das Service Engineering aufgrund der allgemeinen Merkmale von Dienstleistungen 35
Abb. 13: Spezielle Herausforderungen von Serviceinnovationen und Implikationen für das 39
Abb. 14: Herausforderungen von Serviceinnovationen und deren Bewältigung durch QFD 50
Abb. 15: Selbst entwickelter Dienstleistungsinnovationsprozess 51
Abb. 16: Baumdiagramm als Vorbereitung für das erste „House of Quality" 56
Abb. 17: Erstes „House of Quality" 58
Abb. 18: Selbst entwickeltes Dienstleistungsinnovationsmanagementkonzept ... 66
Abb. 19: Anforderungen Serviceinnovationen und Bewältigung dieser das entwickelte Dienstleistungs-innovationsmanagementkonzept 73

Abkürzungsverzeichnis

Abb.	=	Abbildung
Anh.	=	Anhang
Anm.	=	Anmerkung
ASI	=	American Supplier Institut
Aufl.	=	Auflage
Bd.	=	Band
B.Sc.	=	Bachelor of Science
bzw.	=	beziehungsweise
B2B	=	Business-to-Business
ca.	=	circa
CLIC	=	Center for Leading Innovation & Cooperation
d.	=	des
DBW	=	Die Betriebswirtschaft
DGQ	=	Deutsche Gesellschaft für Qualität
DIHK	=	Deutsche Industrie- und Handelskammer
DIN	=	Deutsches Institut für Normung
Dip.	=	Diplom
DL	=	Dienstleistung
DPD	=	Deutscher Paketdienst
EBN	=	Entwicklungsbegleitende Normung
ERIM	=	Erasmus Research Institute of Management
etc.	=	und so weiter
et al.	=	und andere
EU	=	Europäische Union
EUR	=	Euro
f.	=	folgende (Seite)
ff.	=	fortfolgende (Seiten)
FhG	=	Frauenhofer Gesellschaft
FMEA	=	Fehlermöglichkeits- und Einflussanalyse
ggf.	=	gegebenenfalls
Hrsg.	=	Herausgeber

HoQ	=	House of Quality
IAO	=	Institut für Absatzwirtschaft und Organisation
IBM	=	International Business Machines
i.d.R.	=	in der Regel
IKB	=	Deutsche Industriebank AG
insbes.	=	insbesondere
io	=	industrielle Organisation
i.S.v.	=	im Sinne von
IT	=	Informationstechnologie
IuK	=	Information und Kommunikation
Jg.	=	Jahrgang
Kap.	=	Kapitel
Kd.	=	Kunde
Kfm.	=	Kaufmann
Kfr.	=	Kauffrau
Kfz	=	Kraftfahrzeug
KISA	=	Knowledges Intensive Services Activities
lt.	=	laut
MA	=	Mitarbeiter
max.	=	maximal
M.I.B.	=	Master of International Business
min.	=	mindestens
Mio.	=	Millionen
Mrd.	=	Milliarden
M.Sc.	=	Master of Science
NIST	=	National Institute for Standards and Technology
Nr.	=	Nummer
o.J.	=	ohne Jahr
o.Nr.	=	ohne Nummer
PDMA	=	Product Development Management Association
QFD	=	Quality Function Deployment
S.	=	Seite
s.	=	siehe
SAP	=	Systemanalyse und Programmentwicklung

sog.	=	sogenannt
Sp.	=	Spalte
SSME	=	Services sciences, management and engineering
TN	=	Teilnehmer(in)
TQM	=	Total Quality Management
u.a.	=	und andere
u.ä.	=	und Ähnlichem
URL	=	Uniform Resource Locator
USA	=	Vereinigte Amerikanische Staaten
USP	=	Unique Selling Proposition
usw.	=	und so weiter
u.U.	=	unter Umständen
v.a.	=	vor allem
VDI	=	Verein deutscher Ingenieure
Verf.	=	Verfasser
vgl.	=	vergleiche
z.B.	=	zum Beispiel
zit.	=	zitiert nach

Symbolverzeichnis

=	=	ist gleich
+	=	plus, und
%	=	Prozent
&	=	und

1. Einleitung

1.1. Problemstellung und Zielsetzung

„Innovationen schaffen Zukunft" diese Aussage stammt vom Bundesverbandspräsidenten der deutschen Industrie (Schmidt/Gleich/Richter 2007, S. 7 zit. nach Thumann 2005). Schon seit Schumpeter steht fest, „dass der Wohlstand einer Gesellschaft und die Ertragskraft von Unternehmungen durch Innovationen bestimmt werden" (BenkenJ.S. 2001, S. 689 zit. nach Schumpeter 1997, S. 100 ff.). Besonders Dienstleistungsinnovationen gewinnen zunehmend an Wichtigkeit. Dabei erscheint es besonders aufgrund der enormen wirtschaftlichen Bedeutung des tertiären Sektors verwunderlich, dass gerade das Thema Serviceinnovationen in der wissenschaftlichen Literatur stark vernachlässigt wurde (Adams/Bessant/Phelps 2006, S. 21 ff.; Drejer 2004, S. 551 ff.; Glos 2007, S. 5 ff.; Nijssen et al. 2006, S. 241 ff.; Spohrer 2008, S. 11 ff.).

Wie komplex es ist Innovationen zu entwickeln belegen empirische Untersuchungen, nach denen abhängig von der Branche 30 bis 50 Prozent aller Innovationen am Markt „floppen" (Schneider 1998, S. 2). Nach einer Unternehmensbefragung der GfK liegt die „Floprate" bei Produktinnovationen sogar bei 70 Prozent, was einer Wertvernichtung von 10 Mrd. EUR pro Jahr entspricht (Wildner 2006, S. 72). Neben den finanziellen Einbußen schaden solche „Flops" auch dem Image des Unternehmens. Um Fehlentwicklungen bei Serviceinnovationen zu vermeiden, ist es daher zum einen von besonderer Bedeutung ein systematisches Innovationsmanagement zu betreiben. Zum anderen ist es wichtig die Bedürfnisse, Wünsche, Anforderungen und Erwartungen der Kunden zu verstehen und die Entwicklung einer neuen Dienstleistung danach auszurichten (Presseportal Marktstudien.de, 2009). Allerdings ist die besondere Schwierigkeit dabei das Fehlen einer bewährten Methode zur Implementierung von Kundenbedürfnissen. Gerade an dieser Problematik setzt diese Untersuchung an.

Quality Function Deployment (QFD) ist eine bei der Entwicklung von physischen Produkten bewährte Systematik zur kundenorientierten Qualitätsplanung und könnte eine geeignete Methode sein, Kundenwünsche in das Serviceinnovationsmanagement zu integrieren (Pfeifer 2001, S. 313 ff.; Sondermann 1994, S. 238 ff.). QFD wurde schon oft erfolgreich bei der Entwicklung von Produkten angewandt (Akao/Mazur 2003, S. 20 ff.; Cauchick Miguel 2005, S. 72 ff.; Cheng 2003, S. 107 ff.; Griffin 1992, S. 171 ff.; Saatweber 2007, S. 19). „Best Practice"-Beispiele und Experten behaupten, dass durch Quality Function Deployment der „time-to-market"-Prozess, also die Zeit bis der neue Service entwickelt und am Markt „gelauncht" wird, beschleunigt werden kann. Zudem sollen unter Anwendung dieser Methode die Kundenwünsche bei der Gestaltung von Produkten verstärkt berücksichtigt werden (Saatweber 2007, S. 19). Aus diesen Erkenntnissen lässt sich schlussfolgern, dass QFD im Rahmen des Serviceinnovationsmanagements eine geeignete Methode sein könnte, um auf Kundenwünsche und -bedürfnisse einzugehen. Bisher fanden jedoch kaum wissenschaftliche oder praxisnahe Auseinandersetzungen mit dem Einsatz von Quality Function Deployment bei Dienstleistungsneuheiten statt. Ziel dieser Arbeit ist es daher zu untersuchen, inwieweit QFD für Serviceinnovationen anwendbar und von erhöhtem Nutzen ist.

1.2. Gang der Untersuchung

Dieses Buch gliedert sich, wie in Abb. 1 dargestellt in sieben Teile. Zunächst werden in *Teil 2* die Begriffe der Dienstleistung (Abschnitt 2.1.1.), der Innovation (Abschnitt 2.1.2.) und darauf basierend der Serviceinnovation definiert (Abschnitt 2.1.3.). Aufgrund der wachsenden Bedeutung von Dienstleistungsneuheiten (Kap. 2.2.) ist es wichtig die Indikatoren für den Erfolg einer Serviceinnovation zu bestimmen (Kap. 2.3.). Um eine Dienstleistung erfolgreich zu entwickeln werden die Grundzüge des Serviceinnovationsmanagements (Kap. 2.4.) erläutert. Als Ausgang der Überlegungen wird zunächst die Relevanz eines standardisierten Dienstleistungsinnovationsmanagements diskutiert (Abschnitt 2.4.1.). Anschließend werden die Aufgabengebiete eines solchen Konzeptes vorgestellt (Abschnitt 2.4.2.), woraufhin die Betrachtung verschiedener Serviceinnovationsprozesse folgt (Abschnitt 2.4.3.).

Teil 3 beinhaltet das zweite grundlegende Thema dieses Buches: Quality Function Deployment. Anfangs werden der Ursprung und der Begriff von QFD aufgezeigt und definiert (Kap. 3.1.). Außerdem werden die Ziele dieser Planungsmethode vorgestellt (Kap. 3.2.), bevor die Möglichkeit Quality Function Deployment als Bau.J.S. von Total Quality Management zu betrachten, dargestellt wird (Kap. 3.3.). Die Grundzüge des QFD-Prozesses (Kap. 3.4.) stellen zunächst verschiedene Ansätze von Quality Function Deployment vor (Abschnitt 3.4.1.). Darüber hinaus geht dieses Kapitel auf das „House of Quality" (Abschnitt 3.4.2.) und die verschiedenen Phasen des Service-QFD-Prozesses ein (Abschnitt 3.4.3.). Anschließend werden die Stärken und Schwächen von Quality Function Deployment evaluiert (Kap. 3.5.).

Basierend auf Teil 2 analysiert *Teil 4* die Besonderheiten und Herausforderungen von Serviceinnovationen. Zunächst werden die Hauptmerkmale von Dienstleistungen, Intangibilität und Kundenbeteiligung erläutert (Kap. 4.1.). Anschließend werden die Besonderheiten von Services im Allgemeinen und Implikationen für die Dienstleistungsentwicklung erörtert (Kap. 4.2.). Sie werden nach den Hauptservicemerkmalen Intangibilität (Abschnitt 4.2.1.) und Kundenbeteiligung (4.2.2.) unterschieden. Analoges Vorgehen wird für die Besonderheiten und Implikationen von Dienstleistungsinnovationen im Speziellen verwendet (Kap. 4.3.). Auch dieses Kapitel ist nach den Besonderheiten aufgrund der Intangibilität (Abschnitt 4.3.1.) und der Kundenbeteiligung (Abschnitt 4.3.2.) angeordnet.

An Teil 4 anschließend und auf Teil 3 aufbauend, diskutiert *Teil 5* die Möglichkeiten von QFD mit den Herausforderungen von Serviceinnovationen umzugehen. Zunächst wird untersucht inwieweit Quality Function Deployment sich eignet, die allgemeinen Schwierigkeiten von Dienstleistungen zu lösen (Kap. 5.1.). Dabei behandelt dieses Kapitel zuerst die Herausforderung die Kundenanforderungen in den Serviceprozess zu integrieren (Abschnitt 5.1.1.), bevor es die weiteren Schwierigkeiten betrachtet (Abschnitt 5.1.2.). Darüber hinaus wird die Eignung von QFD hinsichtlich der speziellen Herausforderungen der Bewältigung von Serviceinnovationen analysiert (Kap. 5.2.) analysiert. Hierbei kann wiederum zwischen Intangibilität (Abschnitt 5.2.1.) und Kundenbeteiligung (Abschnitt 5.2.2.) unterschieden werden.

Als Konsequenz dieser Überlegungen wird in *Teil 6* dieses Buches ein eigenes Serviceinnovationsmanagementkonzept entwickelt. Hierbei wird Quality Function Deployment in einen Dienstleistungsinnovationsprozess implementiert (Kap. 6.1.), der sich in verschiedene Phasen unterteilt. In der ersten Phase wird die Zielgruppe definiert (Abschnitt 6.1.1.). Nach der Informationsbeschaffung (Abschnitt 6.1.2.) folgt die Übersetzung in Servicemerkmale (Abschnitt 6.1.3.), bevor in Phase 4 der kreative Prozess beginnt (Abschnitt 6.1.4.). Anschließend erfolgt die Ergebnisplanung (Abschnitt 6.1.5.), die Prozessplanung (Abschnitt 6.1.6.) und die Potenzialplanung (Abschnitt 6.1.7.). Der Prozess wird durch Testphasen begleitet (Abschnitt 6.1.7.). Um alle Herausforderungen von Dienstleistungsinnovationen bewältigen zu können bedarf es weiterer Faktoren des Managementkonzeptes, in welchen sich teilweise die Grundgedanken von QFD widerspiegeln (Kap. 6.2.). Abschließend werden die Grenzen und Implikationen bei der Anwendung von Quality Function Deployment innerhalb des Serviceinnovationsmanagements durch eine kritische Betrachtung aufgezeigt (Kap. 6.3.).

In *Teil 7* folgt eine finale Schlussbetrachtung.

```
┌─────────────────────────────────────────────────────┐
│                   1. Einleitung                      │
└─────────────────────────────────────────────────────┘
                          ▼
┌──────────────┬──────────────────────┬───────────────┐
│ Grundlagenteil│ 2. Grundlagen zu    │ 3. Grundlagen │
│              │ Serviceinnovationen  │    zu QFD     │
├──────────────┼──────────────────────┼───────────────┤
│              │ 4. Besonderheiten und│ 5. Möglichkeiten von QFD mit den │
│              │ Herausforderungen von│ Herausforderungen von Service-   │
│  Hauptteil   │ Dienstleistungsinnov.│ innovationen umzugehen           │
│              ├──────────────────────┴───────────────┤
│              │ 6. Entwicklung eines eigenen Dienstleistungs- │
│              │ innovationsmanagementskonzeptes               │
└──────────────┴──────────────────────────────────────┘
                          ▼
┌─────────────────────────────────────────────────────┐
│                7. Schlussbetrachtung                 │
└─────────────────────────────────────────────────────┘
```

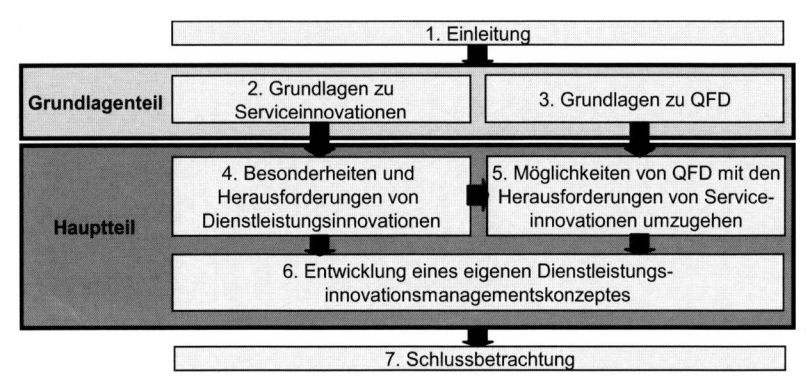

Abb. 1: Aufbau des Buches
Quelle: Eigene Darstellung

2. Grundlagen zu Serviceinnovationen

Um das Untersuchungsobjekts dieses Buches vollständig verstehen zu können, ist ein Basiswissen über Serviceinnovationen erforderlich. Zu diesem Zweck thematisiert Teil 2 der Untersuchung zunächst die definitorischen Grundlagen der Dienstleistung (Kap. 2.1.). Anschließend wird die steigende Bedeutung von Serviceinnovationen (Kap. 2.2.) verdeutlicht und Indikatoren des Erfolges einer Dienstleistungsinnovation (Kap. 2.3.) analysiert. Abschließend widmet sich Teil 2 den Grundzügen des Serviceinnovationsmanagements (Kap. 2.4.).

2.1. Definitorische Grundlagen

Um ein einheitliches Verständnis über Serviceinnovationen zu erhalten, werden zunächst die Begriffe Dienstleistung (Abschnitt 2.1.1) und Innovation (Abschnitt 2.2.2) separat definiert. Anschließend wird daraus die Definition für Serviceinnovationen abgeleitet (Abschnitt 2.2.3).

2.1.1. Begriff der Dienstleistung

Bei der Definition von Services oder Dienstleistungen – welche in diesem Buch synonym verwendet werden – ist festzustellen, dass es im Gegensatz zu Sachgütern keine homogene und allgemein akzeptierte Begriffserklärung gibt. In der wissenschaftlichen Literatur dominieren allerdings drei Ansätze zur Beschreibung des Dienstleistungsbegriffes (Homburg/Krohmer 2006, S. 975). Zum ersten Ansatz zählt die *enumerative Definition*. Hierbei werden Dienstleistungen durch das Aufzählen verschiedener Dienstleistungsbranchen beispielhaft erklärt. Eine weitere Begriffsgruppe stellt die *Negativdefinition* dar, welche Dienstleistungen als Leistungen, die sich nicht als Sachgut einordnen lassen, identifiziert. Aufgrund der beschränkten Aussagekraft dieser beiden Definitionskategorien ist es im Rahmen dieser Untersuchung sinnvoll sich auf den dritten Ansatz zu konzentrieren, welcher explizit die *konstitutiven Merkmale* von Dienstleistungen herausarbeitet (Corsten/Gössinger 2007, S. 21). Somit wird ein Verständnis für die Dienstleistungscharakteristika geschaffen (Hennig 2001, S. 17). Auf dem Definitionsansatz der konstitutiven Merkmale aufbauend verdeutlicht Meyer die Dimensionalität der Services, indem er diesen mit den Leistungsdimensionen Dienstleistungspotenzial, -prozess und -ergebnis verbindet (1998, S. 6 f.).

Die *Potenzialdimension* beschreibt Services als das Angebot von Leistungsfähigkeiten meist i.S.v. internen Determinanten, die an externe Faktoren wie Menschen oder Objekten erbracht werden, um Veränderungen an diesen zu bewirken (Meyer 1994, S. 15). Der Konsument erwirbt, wenn er sich für einen Service entscheidet, lediglich ein Leistungsversprechen (Hennig 2001, S. 19). Die *prozessorientierte Betrachtungsweise* fokussiert die Serviceerstellung unter Berücksichtigung der Leistungspotenziale der internen und externen Faktoren (Meffert/Bruhn 2009, S. 16; Reichwald/Schaller 2006, S. 170). Hierbei ist die Integration des externen Faktors das entscheidende konstitutive Dienstleistungsmerkmal (Bruhn 2008, S. 22; Scheer/Griebele/Klein 2006, S. 25). Zusätzlich ist dieser Prozess durch den synchronen Kontakt zwischen Leistungsgeber und –nehmer charakterisiert (Berekoven 1974, S. 29). Stauss bezeichnet diesen Prozess der Dienstleistungserstellung auch als „Augenblick der Wahrheit" (2000a, S. 323). Als letzte Betrachtungsweise folgt die *ergebnisorientierte Dimension,* welche als unmittelbares Resultat des Prozesses bzw. als Zustandsveränderung nach abgeschlossener Kombination des internen und externen Faktors definiert werden kann (Bullinger/Schreiner 2006, S. 61; Maleri/Frietzsche 2008, S. 20 f.; Oppermann 1998, S. 35). Dieses Dienstleistungsergebnis ist aufgrund des fehlenden Einsatzes von Rohstoffen prinzipiell immateriell und meist als Nutzen des Nachfragers charakterisierbar (Hentschel 1992, S. 24; Maleri/Frietzsche 2008, S. 23 ff.; Oppermann 1998, S. 35 ff.). Außerdem kann das Serviceresultat unmittelbares Ergebnis eines Faktorkombinationsprozesses sein oder sich der Wahrnehmung des Konsumenten entziehen (Oppermann 1998, S. 38). Anh. 1 verdeutlicht grafisch die Unterschiede der einzelnen Dimensionen. Unter Berücksichtigung der verschiedenen Dimensionen sind Dienstleistungen „angebotene Leistungsfähigkeiten, die direkt an externen Faktoren

(Menschen oder deren Objekte) mit dem Ziel erbracht werden, an ihnen gewollte Wirkungen (Veränderungen oder Erhaltung bestehender Zustände) zu erreichen" (Meyer, 1991, S. 198).

Ein weiterer Definitionsansatz stammt von Hentschel, welcher Dienstleistungen als „Produkte, die des direkten Kontaktes zwischen Anbieter und Nachfrager bedürfen und sich vor, während und nach dem Kontakt als überwiegend intangibel darstellen" (1992, S. 26) beschreibt. Aus dieser Definition resultieren auch die beiden Hauptmerkmale von Services, Intangibilität und Kundenbeteiligung, welche in Kap. 4.1. weiter erläutert werden.

2.1.2. Begriff der Innovation

Für den Begriff Innovation gibt es eine Vielfalt an Definitionen. Ursprünglich stammt der Begriff von dem lateinischen Wort „novus", welches für „neu" steht. Man kann Innovation mit Neuerung, Neueinführung, Erneuerung oder auch Neuheit gleichsetzen (Staud, S. 1985, S. 486 zitiert nach Herzhoff, 1991, S. 10). Hauschildt und Salomo analysieren und kategorisieren verschiedene Erklärungsansätze, welche in Anh. 2 dargestellt sind. Bei der Kategorisierung der Erklärungsansätze unterscheiden die Autoren zuerst „Innovation als neuartige Produkte und Prozesse der Tatsache und dem Ausmaß der Neuartigkeit nach", an zweiter und dritter Stelle der „Erstmaligkeit" und „der Wahrnehmung nach". Des Weiteren wird der Begriff „Innovation als neuartige Kombination von Zweck und Mittel" und „als Verwertung neuartiger Produkte oder Prozesse" bestimmt. Die letzten Kategorien erklären „Innovation als Prozess" und „als neuartige Dienstleistungen jenseits industrieller Produkte und Prozesse" (Hauschild/Salomo 2007, S. 4 ff.). Zusammenfassend kommen Hauschildt und Salomo zu der Aussage: „Innovationen sind im Ergebnis qualitativ neuartige Produkte oder Verfahren, die sich gegenüber dem vorangehenden Zustand ‚merklich' – wie auch immer das zu bestimmen ist – unterscheiden" (2007, S. 7). Bei diesem Innovationsverständnis ist die Neuartigkeit der Kombination von Zweck und Mittel von Bedeutung, welchen Ansatz auch schon Schumpeter darstellte (1997, S. 100 f.).

Außerdem lässt sich der Begriff in eine prozess- und ergebnisorientierte Dimension unterteilen. Unter der *prozessorientierten Dimension* wird der eigentliche Innovationsprozess verstanden. Dieser umfasst alle Innovationsschritte von der Ideenfindung bis zur Marktetablierung (Reichwald/Schaller 2006, S. 171). Mit dem Resultat des Innovationsprozesses setzt sich die *Ergebnisdimension* auseinander, welche sich in eine Subjekt-, Objekt- und Intensitätsdimension unterteilen lässt (Hauschildt/Salomo 2007, S. 7 ff.; Schmitt-Grohé 1972, S. 26).

Die *Objektdimension* beschäftigt sich mit der Frage „Was ist neu?" (Hauschildt/Salomo 2007, S. 8). So kann generell zwischen Produkt- und Prozessinnovation und funktional zwischen Personal-, Sozial-, Struktur-, Beschaffungs- und Marketinginnovationen unterschieden werden (BenkenJ.S. 2001, S. 689 f.; Hauschildt/Salomo 2007, S. 12 f.). Prozess-, Struktur-, Personal- und Sozialneuheiten sollen v.a. Kostenvorteile verwirklichen und werden vom Kunden max. indirekt, wie z.B. über Preissenkungen, wahrgenommen. Dagegen wollen Unternehmen mit Produktinnovationen neue akquisitorische Potenziale aufbauen und damit für den Kunden direkt transparente Leistungs- und Qualitätsvorteile erzielen. Die verschiedenen Zielsetzungen lassen sich bei Serviceinnovationen nicht klar trennen. (BenkenJ.S. 2001, S. 690).

Die Frage „Für wen ist das neu?" steht im Fokus der *Subjektdimensionen* (Hauschildt/Salomo 2007, S. 8). Generell kann hier zwischen Unternehmens- und Marktneuheiten differenziert werden. Wenn eine Unternehmung „eine technische Neuerung erstmalig nutzt, unabhängig davon, ob andere Unternehmungen den Schritt vor ihr getan haben oder nicht" (Witte 1973, S. 3), handelt es sich um eine Unternehmensinnovation. Neue Dienstleistungen, die aus Sicht des Marktes oder einer Branche erstmalig eingeführt oder eingesetzt werden, können als Marktinnovationen bezeichnet werden (Hauschildt/Salomo 2007, S. 26). Sobald diese Neuerungen für den Nachfrager transparent sind, nehmen diese die Markt- jedoch i.d.R. nicht die Unternehmensneuheiten, als Innovation wahr (BenkenJ.S. 2001, S. 693).

Mit dem Grad der Neuartigkeit und damit der Frage „wie sehr neu" ist eine Innovation beschäftigt sich die Intensitätsdimension (BenkenJ.S. 2001, S. 695; Hauschildt/Salomo 2007, S. 8). Es kann hier zwischen „technology-push"- und „market-pull"-Neuheiten unterschieden werden (Bennett/Cooper 1979, S. 76 ff.). „Technology-push"-Innovationen messen den Innovationsgrad anhand des mit der Neuheit verbundenen technologischen Fortschritts (BenkenJ.S. 2001, S. 695). Sie eignen sich bei Serviceinnovationen nur, wenn sich die Neuerung auf eine Potenzialinnovation bezieht (Barras 1986, S. 163 ff.). Dagegen wird bei „Market-pull"-Neuheiten der Innovationsimpuls von den Kundenwünschen abgeleitet und somit ist der Neuheitsgrad v.a. psychologischer und weniger technischer Natur.

Die vorangehenden Abschnitte lieferten mehrere Erklärungsansätze für den Begriff der Dienstleistung sowie der Innovation. Basierend auf diesen sollen nun Serviceinnovationen definiert werden.

2.1.3. Begriff der Serviceinnovation

Die Definition des Begriffes Service- oder auch Dienstleistungsinnovation ist sehr komplex und nach Bitner noch nicht endgültig definiert. "Service innovation itself is still being defined" und "can be everything" (2009). Zum einen herrscht, wie bereits in den vorangehenden Abschnitten erläutert, in der Literatur keine einschlägige Definition für Innovationen und auch keine für Services vor, weshalb alte von neuen Dienstleistungen schwer abzugrenzen sind (Burr 2007, S. 75 f.). In einer ersten Annäherung können Serviceinnovationen abgeleitet von Produktinnovationen „als erstmalige Umsetzung einer neuartigen Dienstleistungsidee im Markt" (Burr 2007, S. 75) erklärt werden. Jedoch differenzieren sich Service- von Sachgüterinnovationen durch die für Services typischen Leistungsdimensionen und die konstitutiven Dienstleistungsmerkmale (Cupok 2004, S. 43; Meiren/Barth 2002, S. 13). Serviceinnovationen können sich auf unterschiedliche Aspekte (Potenzial-, Prozess- und Ergebnisdimensionen) einer Dienstleistung – wie in Abschnitt 2.1.1. beschrieben – beziehen (Meiren/Barth 2002, S. 13). So kann zwischen nach innen gerichteten Prozess- und Potenzialinnovationen und nach außen gerichteten, für den Kunden erkennbaren, Ergebnisinnovationen unterschieden werden (BenkenJ.S./J.S.er 2004, S. 34).

Unter der *Potenzialinnovation* versteht man die Leistungsbereitschaft oder –fähigkeit eines Serviceanbieters mit den verfügbaren internen Faktoren Dienstleistungsneuheiten zu schaffen. (Freitag 2004, S. 114; Schaller et al. 2004, S. 133). Allerdings werden in dieser Phase noch keine Serviceinnovationen erbracht (Schaller et al. 2004, S. 133). Die Inputfaktoren bei der Serviceerstellung, wie Mitarbeiter, Informations- und Kommunikationstechnologie und andere Betriebsmittel, stellen die Basis für Potenzialinnovationen dar. Ein Beispiel für eine Potenzialinnovation ist ein Reinigungsunternehmen, das seine Mitarbeiter mit leistungsfähigeren Maschinen ausstattet (Burr 2007, S. 77).

Die *Prozessinnovation* ist eine neuartige Faktorkombination oder ein Leistungserstellungsprozess, durch den z.B. Kosten gesenkt oder Zeit gewonnen werden kann. Prozessinnovationen treten oft in Form vom Einsatz neuer Technik auf. Zudem lassen sich drei typische Gruppen von Prozessinnovationen unterteilen: Die Reorganisation von Serviceerstellungsprozessen, die Automatisierung von Services und durch IT bedingte Neuheiten. Ein Beispiel für Prozessinnovationen ist der Einsatz der SAP-Software in Prozessen der Leistungserstellung einer Bank (Burr 2007, S. 77 f.).

Eine weitere Innovation ist die *Ergebnisinnovation*. Sie liegt vor, wenn nach Abschluss des Serviceprozesses von einem neuen Ergebnis für den Kunden gesprochen werden kann (Burr 2007, S. 79). Zusammenfassend zeigt die Beschreibung der unterschiedlichen Dimensionen, dass diese v.a. in der Praxis nicht klar zu trennen sind. So basiert die Prozess- auf der Potenzialinnovation und die Potenzial- und Prozessinnovation dienen als Voraussetzung für die Ergebnisinnovation (Burr 2007, S. 80).

Folgende Definition greift die beschriebenen Dimensionen von Serviceinnovationen auf: "Service innovation directly facilitates customers meeting their needs and desires. It can be understood both as a process of development within an organization and as the resulting configuration of new activities (both by the company and by customers, suppliers, and other actors) within a specific context" (Reichwald et al. 2009a, S. 5).

2.2. Wachsende Bedeutung von Dienstleistungsneuheiten

In westlichen Volkswirtschaften wie Deutschland steigt die Bedeutung von Services zunehmend (Richter/Thiele 2007, S. 49). Anh. 3 zeigt, dass 1960 bis 2007 die deutsche Bruttowertschöpfung im primären und sekundären Sektor erheblich sank, wohingegen sie im tertiären Wirtschaftszweig während dieses Zeitraumes um 69 Prozent zunahm. 2007 wurden über zwei Drittel der gesamten deutschen Bruttowertschöpfung im tertiären Sektor erwirtschaftet (Institut der deutschen Wirtschaft 2009, S. 20; Statistisches Bundesamt Deutschland 2009). Die Entwicklung in den anderen EU-Staaten verläuft ähnlich. Der Output des Dienstleistungssektors entspricht in etwa zwei Drittel des EU-weiten Bruttosozialprodukts (Wong/He 2005, S. 23). Auch an der Verteilung der Erwerbstätigen in Deutschland kann man das Wachstum des Dienstleistungsbereiches erkennen, wie Anh. 4 verdeutlicht. 2006 waren 72,3 Prozent aller Beschäftigten im tertiären Sektor angestellt, während es 1960 nur 38,3 Prozent waren (Bundeszentrale für politische Bildung 2008, S. 115). Trotz dieser Entwicklung ist das Wachstumspotenzial der Servicebranche noch nicht ausgeschöpft (Späth 2007, S. 20; Mihm 2007, S. 13; DIHK 2002, S. 13 ff.). Lt. der Deutschland-Report-2030-Studie der Unternehmensberatung Prognos sollen im Dienstleistungsbereich in den nächsten 20 Jahren rund 1,5 Mio. neue Arbeitsplätze in Deutschland entstehen. Ein weiteres Ergebnis der Studie besagt, dass im Jahr 2030 fast drei Viertel der deutschen Wirtschaftsleistung durch den Dienstleistungssektor erbracht wird (Prognos 2006; Späth 2007, S. 20).

Die Gründe des Strukturwandels sind zum einen unternehmens- und zum anderen kundengetrieben. *Unternehmensseitig* spielt einerseits die Globalisierung, gerade durch Trends wie Outsourcing und Offshoring eine wichtige Rolle. Dadurch besteht die Möglichkeit Produktionsschritte weltweit an spezialisierte Anbieter auszulagern. Allerdings entsteht somit auch ein harter Standortwettbewerb um Investitionen. Andererseits ist die Informations- und Kommunikationstechnologie (IuK-Technologie) ein wichtiger Wachstumstreiber für eine zunehmende Servicedurchdringung. Durch die Digitalisierung von Organisationsprozessen kann mit immer weniger Mitarbeitern immer mehr produziert werden (Späth 2007, S. 21 f.). Außerdem werden aus gebundenen ungebundene Dienstleistungen (Donges et al. 2007, S. 10). Services werden somit nicht weiter durch die Voraussetzung des direkten Kontaktes mit dem Kunden am selben „realen Ort" eingeschränkt (Späth 2007, S. 22). Als *kundengetriebener* Grund kann zuerst der wachsende Wohlstand in den Industrieländern wie Deutschland angeführt werden. Mit diesem wächst der Konsum. Dies hat zur Folge, dass die Ausgaben für Dienstleistungen überproportional zum steigenden Einkommen zunehmen. Außerdem wird die Freizeit, aufgrund der Verschiebung der Altersstruktur, wie es in Deutschland v.a. durch Services im Gesundheitsbereich der Fall ist, intensiver genutzt. Des Weiteren wird es lt. der bereits erwähnten Prognos-Studie durch den demografischen Wandel zu einer Verknappung an Arbeitskräften kommen. Dies hat zur Folge, dass weibliche Arbeitskräfte für die deutsche Wirtschaft an Bedeutung gewinnen und sich Haushaltstätigkeiten in den Servicesektor verschieben werden (Späth 2007, S. 26).

Angesichts des bisherigen Wachstums des tertiären Sektors und der beschriebenen Gründe dafür wird verdeutlicht, dass der Dienstleistungssektor eine enorme Wachstumsdynamik und hohe Renditepotenziale besitzt. Dies konnte auch durch empirische Studien belegt werden (Monitor Group 2004). Jedoch lockt gerade dieses Potenzial immer mehr Wettbewerber an, um um Kunden zu konkurrieren. Durch diese zunehmende Wettbewerbsintensität in der Servicebranche gewinnen Dienstleistungsinnovationen an spezieller Bedeutung (Richter/Thiele 2007, S. 49). „'Wer nicht innoviert, verliert!'" (Darkow 2007, S. 128). Unternehmen reagieren beispielsweise mit Innovations- und Differenzierungsstrategien auf den steigenden Druck der Konkurrenz (Schmidt/Richter 2006). Gerade in reifen Servicebranchen, wie z.B. dem Retail-Banking ist die Innovationsfähigkeit von Dienstleistungsanbietern besonders wichtig um dem wachsenden Wettbewerbsdruck entgegenzuhalten. Innovationen können Serviceanbietern die entscheidenden komparativen Wettbewerbsvorteile liefern, um sich somit von Konkurrenten abzuheben und um wirtschaftliches Wachstum und Unternehmenserfolg zu sichern. (Glos 2007, S. 5; Schmidt/Gleich/Richter 2007, S. 7; Richter/Thiele 2007, S. 49).

Zusammenfassend kann aus dem wachsenden wirtschaftlichen Einfluss der Serviceindustrie und der daraus entstehenden zunehmenden Wettbewerbsintensität die Bedeutung von Serviceinnovationen als komparativer Wettbewerbsvorteil, um langfristig erfolgreich zu wirtschaften, dargestellt werden. Nachdem die Wichtigkeit von Dienstleistungsinnovationen für die Volkswirtschaft sowie für die einzelne Unternehmung herausgearbeitet wurde, stellt sich nun die Frage was eine erfolgreiche Innovation ausmacht.

2.3. Indikatoren des Erfolges einer Serviceinnovation

Was unter dem Erfolg einer neuen Dienstleistung genau zu verstehen ist, lässt sich in verschiedene Kategorien unterteilen. Unter der ersten Kategorie versteht man die eigentliche Serviceinnovation und deren Qualität. Dazu zählt die Entwicklung neuer Dienstleistungseigenschaften und –merkmale. Zudem sind die Verbesserung der Funktionalität einer bestehenden Serviceeigenschaft und die Qualitätsoptimierung eines bestehenden Dienstleistungskonzepts dieser Kategorie zuzuordnen (Tidd/Hull 2003, S. 31). Die zweite Erfolgssparte umfasst die Verkürzung des „time-to-market"-Prozesses. Ein weiterer Punkt sind Kosteneinsparungen (Reichwald et al. 2009b, S. 5; Tidd/Hull 2003, S. 31). Darunter kann die Kostensenkung der Serviceentwicklung sowie der späteren -erbringung verstanden werden. Zusätzlich kann der Erfolg an den Umsatz- und Gewinnbeiträgen der Dienstleistungsneuheit gemessen werden. Hierzu eignen sich besonders die Indikatoren „Anteil neuer Services am Umsatz und (Anm. d. Verf.) Deckungsbeiträge von Dienstleistungsneuheiten" (Tidd/Hull 2003, S. 31).

Ein letzter sehr wichtiger Indikator für Serviceinnovationserfolg ist die Steigerung der Kundenzufriedenheit und –bindung (Burr 2007, S. 88). In diesem Kontext stellt sich die Frage, wann ein Kunde zufrieden ist. Um dies zu beantworten kann das „Confirmation/Disconfirmation-Paradigma" herangezogen werden. Dieses Modell beschreibt die Differenz zwischen vom Kunden erwarteter und wahrgenommener Dienstleistung als Zufriedenheits- bzw. Unzufriedenheitsauslöser (Oliver, 1997). Allerdings ist nicht das alleinige Übertreffen von Erwartungen wichtig, sondern auch welche Erwartungen übertroffen werden (Schulze 2003). Das lässt sich mit Modellen, welche auf der „Zwei-Faktoren-Theorie" nach Herzberg basieren, erklären (1966; 2003, S. 50 ff.). Nach Cina kann zwischen Minimumqualitäten und den Werterhöhungsqualitäten unterschieden werden. *Minimumqualitäten* werden vom Kunden grundsätzlich erwartet und falls sie nicht erfüllt werden, ist der Kunde unzufrieden, bei Erfüllung aber noch nicht zufrieden (z.b. ein Teilnehmer erwartet von einer Fortbildung neues Wissen). Sie bieten jedoch kaum Profilierungsmöglichkeiten im Wettbewerb. Im Gegensatz dazu werden *Werterhöhungsqualitäten* vom Kunden nicht erwartet, z.b. dass für Teilnehmer einer Schulung Getränke gratis bereitstehen. Der Kunden kann bei Erfüllung dieser Qualitäten zufriedengestellt werden, bei Nicht-Leistung ist er auch nicht unzufrieden (1989, S. 8).

Im Kanomodell erhält dieser Ansatz noch eine dritte Qualität bzw. einen dritten Faktor. Minimumqualitäten werden hier als Basisfaktoren, Werterhöhungsqualitäten als Leistungsfaktoren bezeichnet. Bei dem dritten Faktor handelt es sich um begeisternde Faktoren. *Begeisterungsfaktoren* können die Kundenzufriedenheit und somit auch die Kundenbindung am meisten beeinflussen. Sie werden vom Kunden nicht erwartet und als angenehme Überraschung empfunden (Bailon et al. 1996, S. 117 ff.; Kano/Seraku 1984, S. 39 ff.). Ein Beispiel dafür könnte sein, dass der Schulungsleiter den Kursteilnehmern seine private Handynummer gibt, damit sie mit Fragen jederzeit auf ihn zukommen können. Auch in der Unternehmenspraxis ist die essentielle Wichtigkeit von Begeisterungsfaktoren bekannt „‚Innovation beyond Customer Imagination' d.h. dass man weiter denkt als der Kunde. Die höchste Ausbaustufe der Innovation ist meiner Meinung nach, dass man die Kundennachfrage antizipiert und entsprechend schneller ist, als der Kunde und den Kunden dann überrascht" (M.D. 2009). Nachdem die Indikatoren einer erfolgreichen Dienstleistungsneuheit definiert wurden, stellt sich die Frage wie ein Unternehmen es managt einen erfolgreichen Service zu entwickeln.

2.4. Grundzüge des Dienstleistungsinnovationsmanagements

Um einen Einblick in das Dienstleistungsinnovationsmanagement zu bekommen, wird in diesem Kapitel zunächst die Relevanz eines standardisierten Innovationsmanagements diskutiert (Abschnitt 2.4.1.). Anschließend werden Aufgabengebiete eines Serviceinnovationsmanagements dargestellt (Abschnitt 2.4.2.), bevor unterschiedliche Dienstleistungsinnovationsprozesse aufgezeigt werden (Abschnitt 2.4.3.).

2.4.1. Relevanz der Standardisierung des Innovationsmanagements im Servicebereich

Bislang beschäftigte sich die Wissenschaft vorwiegend mit physischen Produktinnovationen (Drejer 2004, S. 551 ff.; Evangelista 2000, S. 183 ff.; Howells 2006; Miles 2000, S. 371 ff.) In der Produktentwicklung lassen sich die Erfolgswirkungen der Standardisierung eines Innovationsprozesses klar erkennen (Cooper/Kleinschmidt 1991, S. 137 ff., Rundquist/Chibba 2004, S. 37 ff.). Durch ein einheitliches Verständnis über den Prozessablauf und eine klare Zielvorgabe lassen sich die Effizienz und Effektivität einer Innovationsentwicklung erhöhen (Hipp/Verworn 2007, S. 101). Es ist jedoch fraglich, ob die Erfolgswirkung einer Systematisierung des Dienstleistungsentwicklungsprozesses auch für den Servicebereich zutrifft. Lt. empirischen Studien besitzen Dienstleistungsunternehmen kaum methodisches Innovations- "Know-How" bzw. kein Wissen darüber, dieses gezielt anzuwenden (Bullinger 2002, S. 165; Dolfsma 2004, S. 4; Scholich/Robers 2007, S. 326). Auch Experten verwenden keinen strukturierten Innovationsprozess bei der Dienstleistungsentwicklung (L.A. 2009; S.E. 2009; A.K. 2009; S.S. 2009; J.S. 2009; E.W. 2009). Dies verwundert besonders aufgrund der in Kap. 2.2. erörterten wachsenden Bedeutung von Serviceinnovationen.

Folgen dieser Erkenntnisse sind eine geringe Realisierungsrate von Innovationen und eine kaum vorhandene Internalisierung von Lerneffekten. Zudem wird i.d.R. das aus dem Innovationsprozess gewonnene Wissen für weitere Prozesse nicht mehr genutzt (Hipp/Verworn 2007, S. 99 f.). Wie Abb. 2 zeigt, kräftigt eine systematische Dienstleistungsentwicklung, auch Service Engineering genannt, die *Innovationsfähigkeit* des Unternehmens durch Bereitstellung entsprechender Methoden und Verfahren sowie ausreichend Budget an dafür speziell qualifizierte Mitarbeiter. Als Voraussetzung hierfür dient eine entsprechende *Innovationsbereitschaft*, sowie die Unternehmenskultur einschließlich eines Leitbilds, klar definierte Ziele, Funktionsintegration und genügend Flexibilität, um die nötigen Freiheiten für *Innovationsmöglichkeiten* zu schaffen (Zangemeister 2008, S. 21).

Innovationsvoraussetzungen		
"Wollen" Innovationsbereitschaft	"Können" Innovationsfähigkeit	"Dürfen" Innovationsmöglichkeit
Unternehmenskultur Leitbild/-Ziele Anreizsysteme Partizipation Motivation usw.	Humanressourcen Erfahrung, Wissen, Können / Sachressourcen Methoden/Verfahren	Organisation Dezentrale Strukturen Funktionsintegration Entscheidungsfreiräume Delegation usw.
Service Engineering		

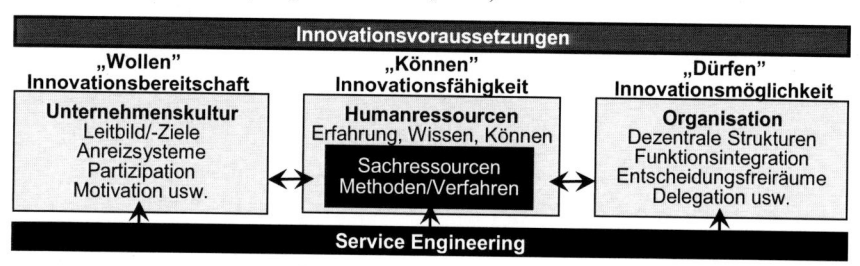

Abb. 2: Innovationsvoraussetzungen
Quelle: In Anlehnung an Zangemeister 2008, S. 21

Dennoch ist generell abzuwägen, ob eine Standardisierung innerhalb eines Innovationsprozesses die kreative Freiheit und Flexibilität einschränken kann (Boutellier/Gassmann 2006, S.

105; Hipp/Verworn 2007, S. 99). Für ein Serviceunternehmen spielt auch bei der Organisation des innovativen Prozesses die markt- und kundennahe Forschung eine primäre Rolle, weshalb der Prozess auch über die verschiedenen Funktionseinheiten eines Unternehmens verteilt ist. Als Konsequenz birgt der Serviceinnovationsprozess ein hohes Maß an selbstständiger Organisation und Unvorhersehbarkeit in sich (Zangemeister 2008, S. 32).

Allerdings ist auch im Servicebereich ein strukturiertes Innovationsmanagement von großem Vorteil (Reichwald et al. 2009c, S. 10 zit. nach Schuh 2009; J.S. 2009; E.W. 2009). Kreativitäts- und Flexibilitätsnachteile sowie die komplexe Organisation können durch ein geeignetes Managementkonzept ausgeglichen werden, um somit Fehlentwicklungen zu vermeiden (Reichwald/Schaller 2006, S. 173). Als Schlussfolgerung ist zu erkennen, dass die Einführung eines strukturierten Serviceinnovationsmanagements die Effizienz und Effektivität von Innovationen erhöhen kann, jedoch muss es besondere Herausforderungen bewältigen.

2.4.2. Aufgabengebiete des Dienstleistungsinnovationsmanagements

Nachdem Abschnitt 2.4.1. die Komplexität eines standardisierten Serviceinnovationsmanagement erläutert hat, stellt sich nun die Frage, welchen Aufgaben sich solch ein Managementkonzept konkret stellen muss. Im Folgenden werden hierzu zwei Modelle dargestellt, zunächst eine Betrachtung der wichtigsten Aufgaben- und Problemebereichen auf Makroebene und anschließend ein Ansatz, welcher ergänzende Aufgabengebiete auf Mikroebene darstellt.

Die erste Betrachtung von Meyer und Blümelhuber zeigt die wichtigsten Aufgaben- und Problembereiche, welchen sich ein Serviceinnovationsmanagement innerhalb des Unternehmens und Marktes zu stellen hat. Er kann in einen übergeordneten Kontext von vier zentralen Aufgabenstellungen, welche in Abb. 3 dargestellt sind, eingeordnet werden. Die Innovationsanalyse und -erarbeitung hat sich innerhalb dieses Spannungsfeldes abzuspielen. Dazu zählen zwei marktbezogene Problembereiche die Kunden und die Wettbewerber, und zwei unternehmens- bzw. ressourcenbezogene Problemfelder die Mitarbeiter und internen Systeme.

Das Aufgabenfeld *Kunde,* mit dem Ziel der Akzeptanz, verlangt eine klare Kundenorientierung über alle Prozessphasen hinweg. Aufgrund der hohen Interaktion und Kommunikation zwischen Kunde und Mitarbeiter wird durch das Verhalten des Servicepersonals die Qualitätswahrnehmung der Nachfrager erheblich geprägt. Aus diesem Grund sind die erfolgskritischen Fähigkeiten des Serviceanbieters von besonderer Bedeutung, welche in dem Aufgabenfeld *Mitarbeiter* behandelt werden. Ein weiteres Aufgabenfeld sind die *Systeme* mit dem Ziel der Systemkonformität. Damit soll v.a. die interne Leistungserstellung abgebildet werden. Zudem ist die Überprüfung, ob die Serviceinnovation im Einklang mit der Unternehmenskultur und den strategischen Zielen steht, mit dem restlichen Leistungsprogramm zusammenpasst und sich mit den verfügbaren Leistungserstellungssystemen verträgt von Bedeutung. Als letztes Aufgabenfeld sind die *Wettbewerber* von hoher Relevanz. Im Rahmen der Ideenfindung werden Analysen und Vergleiche mit den Konkurrenten durchgeführt. Außerdem liegt der Fokus in diesem Aufgabenbereich auf der Wettbewerbsfähigkeit und dem Nachahmungsschutz von Wettbewerbsvorteilen (1998, S. 811 ff.; Reichwald/Schaller 2006, S. 173).

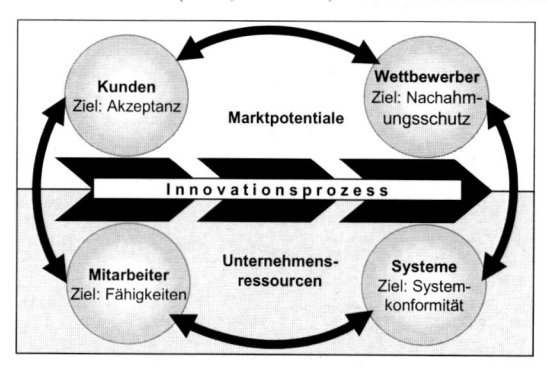

Abb. 3: Aufgabenbereiche und Problemfelder des Serviceinnovationsmanagements
Quelle: In Anlehnung an Meyer/Blümelhuber 1998, S. 811

Ergänzend zu dieser Betrachtung wird ein Modell von Gausemeier, Herbst und Eilerts vorgestellt, welches noch tiefer in die Mikroebene eines Unternehmens eingeht. Abb. 4 stellt diesen Ansatz dar. Zu Beginn des Modells steht die *Innovationsstrategie*. Es folgt die *Ideengenerierung* oder die Verwendung von bereits gespeicherten, aber noch nicht genutzten Ideen aus der Innovationsdatenbank. Anschließend werden die *Ideen,* welche auch mit der Innovationsstrategie konsistent sind, *bewertet*. Die ausgewählten Einfälle werden durch den *Innovationsprozess* weitergeführt. Vorschläge, die den Anforderungen des Innovationsprozesses nicht mehr genügen, werden zusammen mit den Ablehnungsgründen in einer *Innovationsdatenbank* gespeichert. Mit dieser Vorgehensweise kann sichergestellt werden, dass zunächst verworfene Ideen nach einer gewissen Zeit, wenn sich Rahmenbedingungen geändert haben, bei einer *Ideeninventur* in die Wiedervorlage gelangen können. Das Innovationscontrolling und die Innovationsorganisation begleiten den Innovationsprozess (2007, S. 368 f.). Das *Innovations-*

controlling beurteilt fortlaufend die Erfolgsaussichten der neuen Dienstleistung (Gausemeier/Herbst/Eilerts 2007, S. 370 f.; Littkemann/Holtrup 2007, S. 220). Wohingegen sich die *Innovationsorganisation* mit Fragen, wo das Innovationsmanagement im Unternehmen verankert werden sollte oder wie unterschiedliche Funktionsbereiche optimal in Innovationsprojekte integriert werden sollen, beschäftigt (Gausemeier/Herbst/Eilerts 2007, S. 371; Garád 2009). Hat das Unternehmen die Absicht ein Spektrum von Innovationen zu entwickeln, muss es dies zeitlich planen. Mit einer *Innovationsroadmap* kann der optimale Zeitpunkt für eine Innovation festgestellt werden (Gausemeier/Herbst/Eilerts 2007, S. 370). Durch die auf der Unternehmenskultur basierende *Innovationskultur* werden die Möglichkeiten für innovatives Handeln geschaffen (Gausemeier/Herbst/Eilerts 2007, S. 371; Scholich/Robers 2007, S. 335). Um die Innovationsfähigkeit des Serviceanbieters und seiner Mitarbeiter zu steigern, stellt das *Innovationstraining* einen weiteren wichtigen Faktor des Innovationsmanagements dar (Gausemeier/Herbst/Eilerts 2007, S. 371).

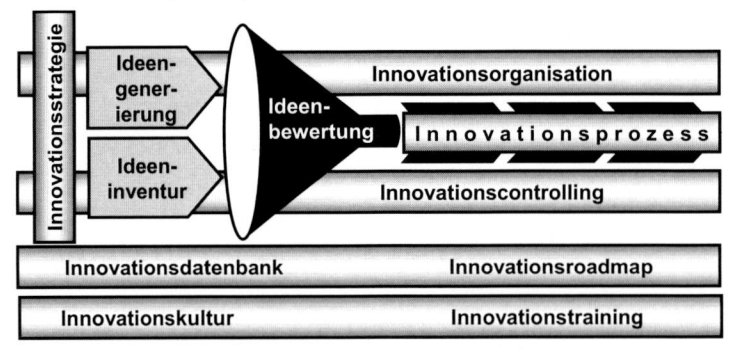

Abb. 4: Aufgabengebiete des Innovationsmanagements
Quelle: In Anlehnung an Gausemeier/Herbst/Eilerts 2007, S. 369

Beide Ansätze zeigen die wichtigsten Aufgabengebiete eines Serviceinnovationsmanagements auf, jedoch können sie sich zum einen gegenseitig ergänzen und zum anderen durch zusätzliche Aspekte optimiert werden. Ein solch optimiertes Dienstleistungsinnovationsmanagementkonzept wird in Kap. 6.2. erläutert. Nach dieser Einführung in das Serviceinnovationsmanagements, wird nun der Fokus auf das „Herz" des Managementkonzeptes, dem Dienstleistungsinnovationsprozess, gerichtet.

2.4.3. Unterschiedliche Serviceinnovationsprozesse

Wie ein Dienstleistungsinnovationsprozess gestaltet sein soll, ist in der wissenschaftlichen Literatur umstritten. In der Literatur existieren zahlreiche verschiedene Innovationsmodelle sowohl für Produkte als auch Dienstleistungen. Obwohl die Vorgehensmodelle aus der Produktentwicklung am bekanntesten sind, ist es fraglich, ob sie aufgrund der Besonderheiten von Dienstleistungsinnovationen – wie in Teil 4 erläutert wird – uneingeschränkt für Serviceinnovationen anwendbar sind (Hipp/Verworn 2007, S. 105, 108; Zangemeister 2008, S. 33).

Wie Anh. 5 darstellt, ist einer der am häufigsten angewandten Innovationsprozesse im Produkt- sowie im Dienstleistungsbereich der *„Stage-Gate"-Prozess der zweiten Generation* (Cooper/Edgett 1999, S. 32). Der Prozess setzt sich aus getrennten, sequenziell ablaufenden „Stages" zusammen. Nach jeder einzelnen dieser multifunktionalen Phasen wird an einem „Gate" über die Weiterführung der Innovation entschieden. Zudem erfolgt eine Prüfung, ob die jeweilige „Stage" korrekt bewirkt und die notwendige Leistung erbracht wurde und ob in die nächste Phase vorgerückt werden kann (Hipp/Verworn 2007, S. 100 f.). Studien zufolge ist dieser Prozess, zumindest bei Produktinnovationen, weit verbreitet und erfolgsfördernd (Cooper/Kleinschmidt 1991, S. 137 ff.; Rundquist/Chibba 2004, S. 37 ff.). Abb. 5 zeigt den „Stage-Gate"-Prozess der zweiten Generation für Services. Dieser Prozess unterscheidet sich kaum von dem „Stage-Gate"-Prozess für physische Produkte, außer dass in Phase 5 kein Produkt produziert, sondern die Bereitstellung und der „Launch" der Dienstleistung geplant wird.

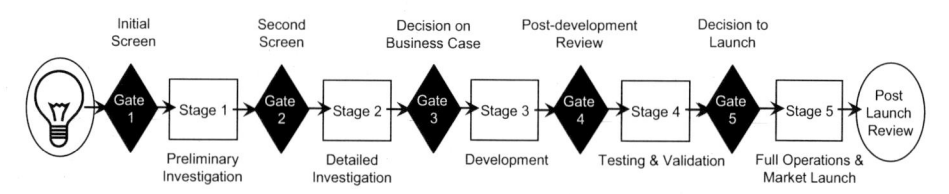

Abb. 5: „Stage-Gate"-Prozess der zweiten Generation für Services
Quelle: In Anlehnung an Cooper/Edgett 1999, S. 74

Wegen der starr sequentiellen Abfolge kann der Innovationsprozess aufgrund von fehlenden Informationen verzögert werden. Cooper empfiehlt aus diesem Grund einen *„Stage-Gate"-Prozess der dritten Generation*, bei welchem eine Überlappung der „Stages" möglich ist und die „Gates" weniger strikt sind (Hipp/Verworn 2007, S. 101). Dieser Prozess wird in Anh. 6 veranschaulicht.

Bei der Verwendung von „Stage-Gate-Prozessen" beider Generationen in Bezug auf Serviceinnovationen treten einige Kritikpunkte auf. Aufgrund geringerer Entwicklungs- und Testkosten in der frühen Phase des Innovationsprozesses bei Services im Vergleich zu Produkten – worauf in Kap. 4.3.1. noch näher eingegangen wird – ist die Vorgehensweise innerhalb eines Dienstleistungsinnovationsprozesses von Lernprozessen geprägt. „Gates" nach jeder Phase erscheinen somit nicht angebracht (Dolfsma 2004, S. 4; Hipp/Verworn 2007, S. 101 f.; Sundbo 1997, S. 450). Die Test- und Validierungsphase ist erst sehr spät im Prozess als einzelne Phase angeordnet (Hipp/Verworn 2007, S. 101). Ob dies generell für die Entwicklung von Dienstleistungen angebracht ist erscheint fraglich (Dolfsma 2004, S. 4; Hipp/Verworn 2007, S. 101 f.). Besonders, da die Praxistests punktuell erfolgen. Das birgt nach Expertenmeinung besonders bei dezentralen Organisationen das Risiko einer Verselbstständigung der getesteten Dienstleistungskonzeptionen. Ein internationaler Handelskonzern für Gebrauchsgüter hat z.B. im letzten Jahr Serviceideen in vier verschiedenen Märkten getestet. Obwohl der Test an Weihnachten beendet wurde, gibt es diesen Service in einem Markt immer noch, da der Marktgeschäftsführer so von der Idee begeistert war, dass er sie unter Eigenregie weiterführte (S.E. 2009). Auch ist in dem Modell kein spezielles Eingehen auf die verschiedenen Servicedimensionen zu erkennen. Aufgrund dieser Schwächen von „Stage-Gate"-Prozessen kann geschlussfolgert werden, dass sich diese nur beschränkt zur Entwicklung von Dienstleistungen eignen. Serviceinnovationsprozesse erfordern eigene von Produktinnovationen losgelöste Herangehensweisen (Hipp/Verworn 2007, S. 105).

Ein eigens für Dienstleistungen entworfenes Modell ist der *Innovationsprozess nach Zangemeister*, welcher in Abb. 6 gezeigt wird. Dieser Innovationsprozess basiert auf dem Phasenmodell nach DIN und ist um die Phasen 2, 7 und 9 erweitert (DIN 1998, S. 34; Zangemeister 2008, S. 35). Bei der *Ideensuche* wird zuerst der Suchraum für neue Ideen definiert. Danach werden Probleme analysiert, auf deren Lösung ein möglicher Service abzielen könnte. Anschließend werden Lösungen gesucht und Ideen formuliert (Zangemeister 2008, S. 49 ff.). In der zweiten Phase der *Ideenbewertung und –auswahl* werden zielrelevante Bewertungskriterien festgelegt und gewichtet bevor die Ideen durch das Abwägen der zielrelevanten Vor- und Nachteile bewertet werden. Letztendlich werden die besten Ideen ausgewählt (Zangemeister 2008, S. 59 ff.). Um die offene Herangehensweise des kreativen Prozesses der Ideensuche zu unterstützen, wurde diese Phase bewusst von der Ideenbewertung und –auswahl, welche mit hoher Systematik verfolgt wird, getrennt (Zangemeister 2008, S. 35). Nach Abschluss des Ideenfindungsprozess folgt die Dienstleistungsentwicklung. Diese beginnt mit der *Aufnahme der Anforderungen,* welche es sich zum Ziel setzt Anforderungen an die Serviceinnovation zu erfassen und zu systematisieren. Anschließend ist das Ziel diese wiederum zu klassifizieren, zu gewichten und darüber hinaus die wichtigsten Anforderungen auszuwählen (Zangemeister 2008, S. 70 ff.). In Phase 4 erfolgt der *Entwurf* oder das Design der zukünftigen Dienstleistung. Hier wird die Serviceaufgabe definiert und anschließend das passende Konzept entwickelt und detailliert festgelegt (Zangemeister 2008, S. 79 ff.). Bei der letzten Phase der Dienstleistungsentwicklung handelt es sich um die *Implementierung und Einführung* der Serviceinnovation. Zunächst wird die Dienstleistung implementiert und getestet. Anschließend erfolgt die Piloteinführung und Optimierung. Der letzte Schritt dieser Phase kennzeichnet sich durch die „Breiteneinführung" oder auch „Roll-out" des Service (Zangemeister 2008, S. 93 ff.). Da sich diese Untersuchung auf die Serviceentwicklung konzentriert wird auf die einzelnen Phasen des Dienstleistungsmanagements nicht im Detail eingegangen. Um eine flexible Steuerung des Modells zu gewährleisten und eine inhaltliche und methodische Einbeziehung von Serviceentwicklungswissen phasenübergreifend zu organisieren und in den Prozess der Entwicklung gezielt zu integrieren, wurde eine sich über den Gesamtprozess erstreckende *Dienstleistungsentwicklungsprozessmanagementphase* eingeführt (Zangemeister 2008, S. 35). Diese Phase schafft die Systemvoraussetzungen zur Serviceentwicklung, lenkt den Prozess und entwickelt das System weiter (Zangemeister 2008, S. 129 ff.).

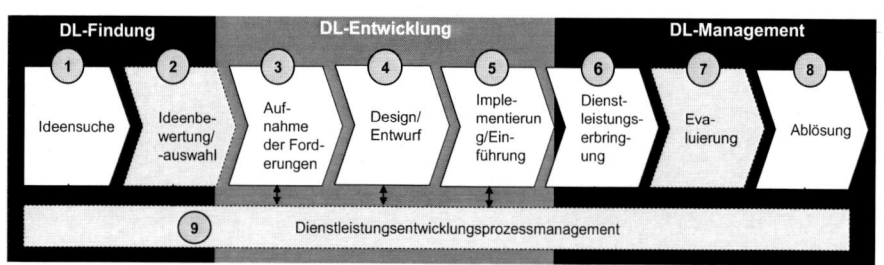

Abb. 6: Vorgehensmodell zur Dienstleistungsentwicklung nach Zangemeister
Quelle: in Anlehnung an DIN 98, S. 34; Zangemeister 2008, S. 34

In dem Ansatz von Zangemeister ist, wie zuvor bei dem „Stage-Gate"-Prozess die punktuelle Testphase und die nicht erfolgte Berücksichtigung der verschiedenen Dienstleistungsdimensionen zu kritisieren. Auch die Evaluierungsphase findet in dem Ansatz von Zangenmeister erst in einer sehr fortgeschrittenen Prozessphase statt. Zusammenfassend kann man erkennen, dass sich beide Modelle nicht uneingeschränkt für die Entwicklung von Dienstleistungen einsetzen lassen. Speziell im Hinblick auf die Besonderheiten und Herausforderungen von Serviceinnovationen – welche in Teil 4 dieses Buches vorgestellt werden – kann dies deutlich erkannt werden. Kap. 6.1 beschäftigt sich gezielt mit den Optimierungsmöglichkeiten des Dienstleistungsinnovationsprozesses und versucht diesen u.a. durch Quality Function Deployment zu modifizieren. Um dieses Vorgehen bewerten zu können, wird im nachfolgenden QFD grundlegend vorgestellt.

3. Grundlagen des Quality Function Deployments

Um ein Verständnis dafür zu gewinnen was Quality Function Deployment ist und wie es angewendet werden kann, behandelt Teil 3 dieses Buches Ursprung und Begriff von Quality Function Deployment (Kap. 3.1), bevor es auf die Ziele (Kap. 3.2) und QFD als BauJ.S. des Total Quality Managements (Kap. 3.3) eingeht. Darüber hinaus werden die Grundzüge des QFD-Prozess (Kap. 3.4) vorgestellt. Abschließend wird das Modell evaluiert (Kap. 3.5).

3.1. Ursprung und Begriff des Quality Function Deployments

„Der Preiskampf – verbunden mit einer wachsenden Austauschbarkeit der Anbieter wie auch der Produkte – beruht vielfach darauf, dass die wahren Bedürfnisse der Kunden im Service- und Dienstleistungsbereich völlig ignoriert werden" (business-wissen.de 2008). Um genau solch einen Fall zu verhindern, wurde im Zuge der steigenden Bedeutung von Innovationen ein spezielles „Planungs- und Kommunikationsinstrument zur systematischen Überbringung der Kundenwünsche" (Kamiske/Malorny 1994, S. 181) mit dem Namen Quality Function Deployment entwickelt. QFD wurde 1966 von Yoji Akao in Japan entworfen. In den 80er Jahren verbreitete sich QFD in den USA und seit den 90ern wird es auch in Deutschland verwendet (Akao/Mazur 2003, S. 20 ff.; Sullivan 1986, S. 40 ff.; 1988, S. 19 ff.). Das Modell wurde bzw. wird immer noch von namhaften Unternehmen wie u.a. Toyota, Ford, Kodak, Miele oder 3M hauptsächlich zur Sachgüterentwicklung erfolgreich angewendet und weiterentwickelt. Beispielsweise ist die Automarke „Lexus" oder der Fahrzeugtyp „Ford Mondeo" durch Quality Function Deployment entstanden (Saatweber 2007, S. 29ff.).

Wie man aus Abb. 7 entnehmen kann stammt der Begriff Quality Function Deployment aus dem Japanischen, dabei steht *Quality Deployment* für „das Umsetzten der Kundenforderungen in messbare Merkmale des (Gesamt-) Produktes oder Prozesses sowie das Aufdecken der Beziehung zwischen den Merkmalen und Forderungen auf unterschiedlichen Betrachtungsebenen" (Saatweber 2007, S. 26). Der Begriff *Function* ergänzt *Quality Deployment* durch den Bezug zur Qualitätsentwicklung, durch das Zusammenspiel aller Unternehmensbereiche und die Sicherung der Qualitätsmerkmale (Akao 1972, S. 7 ff; Akao/Mazur 2003, S. 25; Saatweber 2007, S. 26).

Quality	Function	Deployment
品質 *Hin Shitsu*	機能 *Ki Nō*	展開 *Ten Kai*
(Qualität, Merkmale, Attribute)	(Funktion, Mechanisierung, Tätigkeit)	(Verteilung, Diffusion, Entwicklung)
↓	↓	↓
Instrument zur Planung und Entwicklung von Qualitätsfunktionen	Die Fachbereiche: Qualitätsentwicklung durch Zusammenarbeit aller Bereiche und verantwortliche Sicherung der Qualitätsmerkmale	»Truppen« in Stellung bringen und die Untergliederung der geforderten Qualität in die abteilungsspezifischen Qualitätsbeiträge

Abb. 7: Begriffserklärung der japanischen Version von QFD
Quelle: In Anlehnung an Mizuno/Akao 1978; Saatweber 2007, S. 27

Der Erfinder des Modells Yoji Akao definiert QFD als „die Planung und Entwicklung der Qualitätsfunktionen eines Produktes entsprechend den von den Kunden geforderten Qualitätseigenschaften" (Akao 1992, S. 15). Eine wesentlich genauere Definition liefert das J.S.beis Transfer Zentrum, welches sich in Deutschland intensiv mit Quality Function Deployment auseinandergesetzt hat. Nach diesem ist QFD „ein System aufeinander abgestimmter Planungs- und Kommunikationsprozesse mit dem Ziel, die Stimme der Kunden in die Qualitätsmerkmale der Produkte, Prozesse oder Dienstleistungen zu übersetzen und einzuplanen, welche der Kunde erwartet und benötigt, und die dem Wettbewerbsdruck standhalten" (Saatweber 2007, S. 27 zit. nach Bläsing 1988).

Darüber hinaus steht Quality Function Deployment nicht für eine einzelne Methode, sondern kann wie Dienstleistungen in drei Komponenten unterteilt werden (Klein 1999, S. 1). Quality Function Deployment als *Produkt* beschreibt das methodische Vorgehen anhand eines Leitfadens. Die Ausgestaltung des Leitfadens vom Projektteam wird durch QFD als *Prozess* beschrieben. Die letzte Komponente des Quality Function Deployment ist das *Ergebnis*, welches den vollständigen Qualitätsplan bezeichnet (Saatweber 2007, S. 31).

3.2. Ziele von Quality Function Deployment

QFD hat, wie in Abb. 8 dargestellt ist, drei grundsätzliche Ziele, welche durch mehrere Unterziele umgesetzt werden sollen. Das erste Hauptziel von Quality Function Deployment ist der *Erfolg für die Kunden*. Ein angemessener Unternehmensgewinn soll durch neue und zufriedene Kunden erwirtschaftet werden. Aus diesem Grund ist es Ziel, Produkte und Dienstleistungen zu entwickeln, welche genau den Kundenwünschen entsprechen. QFD bietet verschiedene Vorgehensempfehlungen, die dabei helfen sollen Kundenanforderungen exakt zu ermitteln und somit auch Fehlentwicklungen zu vermeiden. *Erfolg für die Mitarbeiter* kann erreicht werden, wenn Quality Function Deployment als Arbeitsphilosophie und -stil verstanden wird, der die volle Kundenzufriedenheit anstrebt, indem versucht wird die Fähigkeiten aller Mitarbeiter in die strategische und operative Zielerreichung einzubinden. Des Weiteren soll QFD *Erfolg für den Unternehmer* generieren. Als Instrument der Unternehmensplanung dient Quality Function Deployment zur Potenzierung des „Know-Hows" der Mitarbeiter. Die durch QFD entstehende prozessbezogene Arbeitsweise fördert unternehmensweites Denken und die innerbetriebliche Kommunikation der Mitarbeiter. Dadurch wird die unternehmensweite Zusammenarbeit gefördert und auch im Sinne der Total-Quality-Management-Philosophie gehandelt (Saatweber 2007, S. 31 f.).

Abb. 8: Ziele von Quality Function Deployment
Quelle: In Anlehnung an Saatweber 2007, S. 32

3.3. Quality Function Deployment als BauJ.S. des Total Quality Management

Eine gute Voraussetzung zur Anwendung von QFD ist ein durchgängiges Qualitätsmanagement, wie es durch Total Quality Management (TQM) praktiziert wird (Mizuno/Akao 1978;

Feigenbaum 1961; Saatweber 2007, S. 33). Oberstes Ziel von TQM ist die totale Kundenorientierung, „d.h. das ganze Unternehmen darauf auszurichten, für den Kunden ein besseres Unternehmen zu werden, bessere Dienstleistungen und Produkte anzubieten, ihn besser zu betreuen" (Klein 1999, S. 18). Neben den grundsätzlichen Problemfeldern aller Organisationen „attraktive Leistungen (Qualität), im richtigen Moment (Zeit), zu einem fairen Preis (Kosten, Verluste) anbieten und liefern zu können, wird die vierte Dimension – *der Mensch* – als Dreh- und Angelpunkt im QFD-Geschehen ernst genommen und aktiv beteiligt" (Saatweber 2007, S. 43). Das Qualitätsentwicklungssystem QFD fragt nach den Kundeninteressen und bindet das Management im weitesten Sinne in den Prozess des Kundendienstes ein (Saatweber 2007, S. 37). Die „Stimme des Kunden" kann durch dieses Instrument gehört und umgesetzt werden. Abb. 9 zeigt die Säulen von Total Quality Management, welche als oberste Ziele ganzheitlich qualitätsorientierter Unternehmen gelten. Alle TQM-Elemente können durch QFD unterstützt werden, insbesondere die Punkte Kunden- und Mitarbeiterorientierung. Quality Function Deployment kann hierbei Schwachstellen sichtbar machen, welche mittels anderer Qualitätswerkzeuge reduziert werden können. „*QFD kann daher als integraler Bau.J.S. und Bestandteil des TQM bezeichnet werden*" (Saatweber 2007, S. 33). TQM stellt eine gute Voraussetzung für die Durchführung des QFD-Prozesses dar.

Abb. 9: Säulen des Total Quality Management
Quellen: In Anlehnung an Rothlauf 2004, S. 51

3.4. Grundzüge des Quality Function Deployment Prozesses

Im Folgenden werden zunächst die unterschiedlichen Ansätze von Quality Function Deployment vorgestellt (Abschnitt 3.4.1). Anschließend wird der Aufbau eines „House of Quality"" erklärt (Abschnitt 3.4.2), aus welchem sich die verschiedenen Phasen eines QFD-Modells zusammensetzten (Abschnitt 3.4.3).

3.4.1. Verschiedene Quality Function Deployment Ansätze

In den über 40 Jahren, in denen QFD besteht, wurde das Modell immer wieder weiterentwickelt. Der ursprüngliche *„Puzzel-Ansatz"* von *Akao* überforderte meist unerfahrene Anwender (1992; Saatweber 2007, S. 57 f.). Aus diesem Grund entwickelte ein Schüler Akaos *Bob King* darauf aufbauend ein anwendungsbezogeneres Modell den sogenannte *„Kochbuch-Ansatz"*. Die integrierten Matrizen und Tabellen sind dabei so aufgebaut, dass sie wie bei einem „Baukasten". Sie können individuell kombiniert werden. Kings Modell unterscheidet sich von anderen Ansätzen durch die Berücksichtigung von Fehlermöglichkeiten sowie Ist- und Sollwerten (1994, S. 53 ff.; Saatweber 2007, S. 58 ff.). *Blitz-QFD* wurde von *Zultner* entwickelt und ist ein stark vereinfachtes Modell, welches nur beschränkte Ergebnisse liefert, jedoch mit den hier beschriebenen anderen Ansätzen erweitert werden kann (DGQ 2001; Saatweber 2007, S. 60 f.). Bei dem am weitesten verbreiteten Ansatz von QFD handelt es sich um das *4-Phasen-Modell* vom *American Supplier Institut (ASI)*. Dieses Modell ist projektorientierter und die Darstellung ist einfacher und übersichtlicher, als die umfassenden Ansätze von Akao und King (1989; Saatweber 2007, S. 61 ff.). Das ASI-Konzept wurde von Saatweber um eine vor- und nachgelagerte Phase ergänzt, um Markt- und Kundenbedürfnisse und die Evaluation der Entwicklung zu ermitteln. Wie Anh. 7 zeigt beinhaltet das *5-Phasen-Modell von Saatweber* als einziges Modell ein Konzept zur Ermittlung von Markt- und Kundenbedürfnissen (Saatweber 2007, S. 64 ff.).

Allerdings haben alle diese Modelle v.a. das Ziel Produkte zu entwickeln und gehen nicht spezifisch auf die Besonderheiten von Serviceinnovationen ein (Saatweber 2007, S. 29 ff., 262 ff.). Deswegen geht dieses Buch im weiteren Verlauf nicht näher auf die erwähnten Ansätze ein, sondern konzentriert sich auf ein, in einem amerikanischen IT-Unternehmen angewandtes, *Service-QFD-Model"*. Dieser Ansatz modifiziert das 4-Phasen-Modell nach ASI für die Entwicklung von Dienstleistungen und wird in Abschnitt 3.4.3. näher erläutert (Saatweber 2007, S. 262 ff.).

3.4.2. „House of Quality"

QFD beabsichtigt nicht ein Produkt oder eine Dienstleistung höchsten technischen Standards zu kreieren, sondern eine technisch optimale Umsetzung der Kundenmerkmale um eine Entwicklung höchster Gebrauchstauglichkeit zu erzielen. Eine geeignete Methode zur Strukturierung des Entwicklungsprozesses und zur nachvollziehbaren Dokumentation der Denk- und

Planungsergebnisse ist das „House of Quality" („HoQ"), hinter welchem eine gesamtheitliche Systematik steht (Klein 1999, S. 64, S. 66; Saatweber 2007, S. 67). Der Begriff „HoQ" basiert auf der spezifischen Form der Matrix-Anordnungen (Hauser/Clausing 1988; Sondermann 1994, S. 238 f.; Pfeifer 2001, S. 314). Qualitätshäuser werden in den QFD-Ansätzen nach Zultner, ASI und Saatweber verwendet (Saatweber 2007, S. 60 ff.).

In Abb. 10 kann man eine vereinfachte Darstellung des „HoQ" der Phase 1 erkennen. Es können in der Darstellung zwei Hauptachsen ausgemacht werden. Die horizontale Achse verdeutlicht die Ausrichtung auf den Markt bzw. den Kunden und der vertikale Pfeil zeigt wie die Technik oder das Unternehmen die Wünsche des Kunden erfüllen will. Dabei ist zu entscheiden „Wie erfüllen wir die Kundenforderungen? …Wie viel soll getan werden? …Wie stark unterstützt jedes Merkmal (wie) die Kundenanforderungen (was)?" (Saatweber 2007, S. 67).

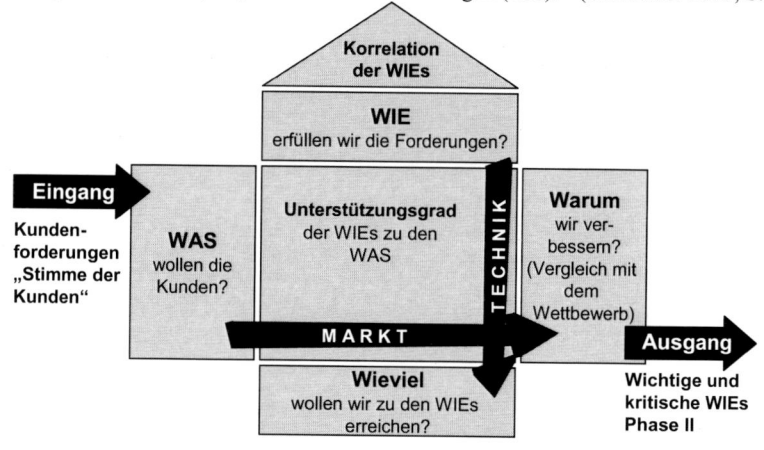

Abb. 10: Exemplarische Darstellung des QFD-Hauses der Phase I
Quelle: In Anlehnung an Saatweber 2007, S. 67

Man kann an diesem Aufbauprinzip des „House of Quality", welches aufgrund der vielen Informationen zuerst ein wenig unübersichtlich wirkt, die Einteilung in fest definierte „Zimmer" erkennen. Diese sind von interdisziplinären QFD-Teams projektbezogen nach mehreren Schritten zu durchlaufen, um keines der „Zimmer" zu vergessen (Klein 1999, S. 66 f.; Saatweber 2007, S. 69).

Als erster Schritt erfolgt die *Dokumentation der Kundenanforderungen (WAS?)*. Diese Informationen können mittels Interviewtechnik ermittelt werden. Die Anforderungen sind entsprechend ihrer Bedeutung für den Kunden zu gewichten. Danach folgt die *Einstufung der Konkurrenzfähigkeit (WIE GUT?)*. Hier soll der empfundene Wert und das Leistungspotenzial des Produktes oder der Dienstleistung anhand der Kundenanforderungen für den Kunden im Vergleich zu den Wettbewerbern ermittelt und visualisiert werden. Als dritter Schritt kann die *Definition der Qualitätsmerkmale (WIE?)* angeführt werden. Diese besteht aus der Ableitung von Qualitätsmerkmalen der Kundenwünsche und deren Übersetzung in technische Spezifikationen, welche sich aus der Kundengewichtung und dem Abdeckungsgrad zusammensetzten. Von besonderer Bedeutung ist darüber hinaus das *Feststellen von Wechselwirkungen*. Abhängigkeiten zwischen den ermittelten Qualitätsmerkmalen sollen erkannt und in der Wechselwirkungsmatrix dokumentiert werden. Wechselwirkungen können sich entweder positiv oder negativ beeinflussen. Mit dieser Methode kann man feststellen, ob gegebenenfalls Abstriche von einer idealen Lösung gemacht werden müssen. Der fünfte Schritt ist die *Beziehungsmatrix*. Hier wird gekennzeichnet, welche Qualitätsmerkmale wie stark die Kundenforderungen erfüllen. Diese Analyse resultiert in Rangstufen (WIEVIEL?) für die Ausprägung eines Qualitätsmerkmals. Der letzte Schritt der Definitionsphase eines Entwicklungsvorhabens ist die *Umsetzung*. Um den Aufwand einzuschätzen, der für die Realisierung eines Qualitätsmerkmals erforderlich ist, werden auch die Schwierigkeitsgrade der Umsetzung im „HoQ" berücksichtigt (Han et al. 2001, S. 798 ff.; Klein 1999, S. 67 f.). Am Ende aller Phasen folgt die *Bewertung des Erfüllungsgrades*, welche als Controllinginstrument hilft Fehlentwicklungen in einem frühen Stadium zu verhindern (Cohen 1988, S. 197 ff.; Klein 1999, S. 68). Diese Bewertung erfolgt mittels objektiver quantitativer Messungen und zeigt wie die Qualitätsziele gegenüber dem vergleichbaren Wettbewerb erfüllt wurden (Klein 1999, S. 68). Anh. 8 zeigt ein Beispiel für das erste „HoQ". Zusätzlich folgt in Abschnitt 6.1.3. eine detaillierte Erläuterung über das Vorgehen innerhalb eines „HoQ" anhand eines weiteren Beispieles.

3.4.3. Verschiedenen Phasen des Service-QFD-Prozesses

Wie bereits in Abschnitt 3.4.1 erläutert orientiert sich dieses Buch an dem QFD-Ansatz nach ASI, welcher für Dienstleistungen modifiziert wurde. Im Rahmen der Besonderheiten von Dienstleistungen berücksichtigt dieses Modell die Dienstleistungsinhalte, den Leistungserbringungsprozess, die Fähigkeiten der Servicemitarbeiter, die Leistungs- bzw. Qualitätsmerkmale der verschiedenen Faktoren (Saatweber 2007, S. 264 f.). Abb. 11 zeigt die vier verschiedenen Phasen des Modells.

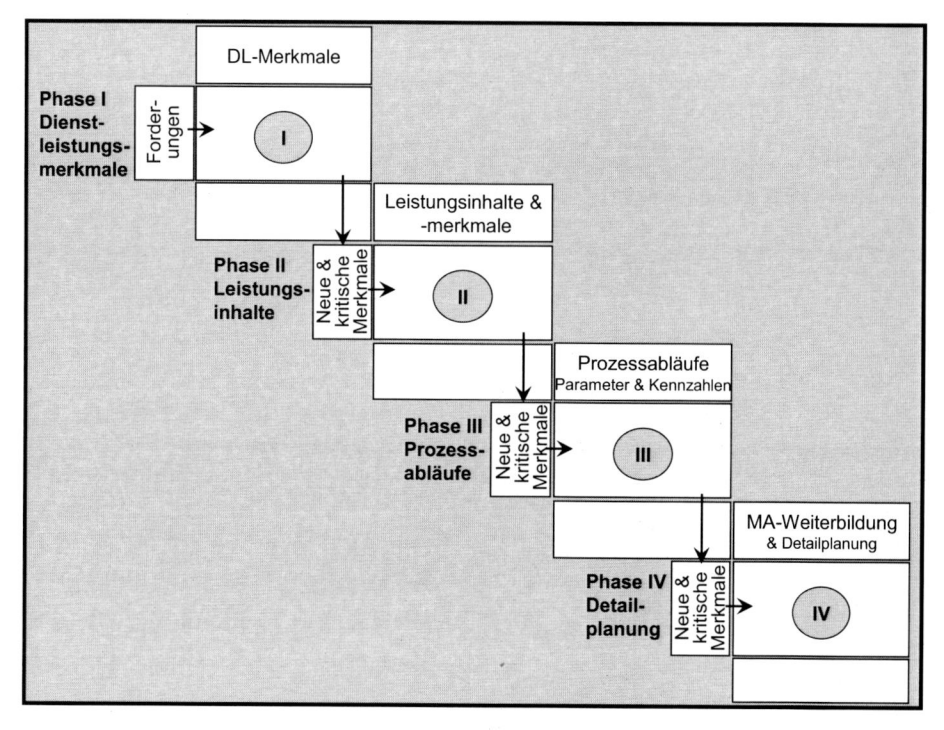

Abb. 11: Service-QFD-Modell
Quelle: In Anlehnung an Saatweber 2007, S. 272

Allgemein geht jede Phase so vor, dass sie die Frage „'WAS fordern die Kunden?'" (Saatweber 2007, S. 71) der Frage „'WIE erfüllen wir die Forderungen?'" (Saatweber 2007, S. 71) gegenüberstellt: In *Phase I Dienstleistungsmerkmale* werden die Kundenerwartungen in die Sprache des Unternehmens übersetzt (Saatweber 2007, S. 73, S. 272). Am Ende von Phase I sind die kritischen WIE-Kriterien auszuwählen und als „WAS" in die QFD-Matrix der Phase II zu übertragen. Es folgt eine Gegenüberstellung der Kundenanforderungen (WAS) mit den Dienstleistungsmerkmalen (WIE) (Saatweber 2007, S. 73). Die *Phase II Leistungsinhalte* befasst sich mit Leistungsmerkmalen. Als kritisch oder schwierig betrachtete Leistungsinhalte müssen weiter mit anderen Qualitätswerkzeugen untersucht werden. Kritische Merkmale (WAS) werden in Qualitätsmerkmale (WIE) umgesetzt. *Phase III* beschäftigt sich mit *Prozessabläufen*. Hier steht die Entwicklung von maßgebenden Prozesscharakteristiken im Vordergrund. Prozessabläufe mit ihren Kennzahlen und Parametern sind zu bestimmen. Die kritischen Merkmale von Phase III münden wiederum in *Phase IV, der Detailplanung*. Hier kann beispielsweise die Mitarbeiterweiterbildung mit konkreten Schulungsplänen erfolgen (Saatweber 2007, S. 73, S. 271). Anh.8 und 9 zeigen die ersten beiden Qualitätshäuser am Beispiel des amerikanischen IT-Unternehmens, welches mit Hilfe von QFD die Kommunikation zwischen Kunden und Lieferanten verbesserte.

Die verschiedenen Phasen werden von einem Projektteam, welches sich aus Mitarbeitern unterschiedlicher Bereiche und Fachabteilungen des Unternehmens zusammensetzt, durchlaufen (Saatweber 2007, S. 505). Eine ausgeglichene Besetzung des QFD-Teams ist von essentieller Bedeutung für den Erfolg zur Durchführung von Quality Function Deployment (Boutellier 1999, S. 276). Für dieses Team ist es wichtig, dass es klare Ziele gesetzt bekommt und an einem eigenen Arbeitsplatz zusammen ausschließlich für das Projekt tätig sein kann. Zudem sind der freie Zugang zu benötigten Daten, die Eigenverantwortung für die Präsentation der Leistungen und das „Empowerment" um Entscheidungen zu treffen, für das Projektteam bedeutend um QFD effizient umzusetzen (Dickinson 1995, S. 44).

Nachdem die Grundzüge von Quality Function Deployment allgemein und speziell der Service-QFD-Prozess vorgestellt wurden, stellt sich nun die Frage, welche Vor- und Nachteile Quality Function Deployment für ein Unternehmen hat.

3.5. Stärken und Schwächen von Quality Function Deployment

Wie jedes Modell hat auch Quality Function Deployment Stärken und Schwächen. Zu den *Stärken* von QFD zählt die durch sukzessive Umsetzung wichtiger Kundenanforderungen in unternehmensspezifische Merkmale erreichte *konsequente und kontinuierliche Kundenorientierung* (Call 1997, S. 129; Schmidt 1996b, S. 314; Wildemann 2008, S. 185). Außerdem die *intensive Kommunikation* innerhalb des interdisziplinarischen Projektteams (Call 1997, S. 129; Schröder/Zenz 1996, Sp. 1708; Wildemann 2008, S. 185). Ein weiterer Vorteil von QFD ist die *Zusammenarbeit* und der *Wissensaustausch* zwischen unterschiedlichen Abteilungen, welcher ein *detailliertes Produkt- bzw. Dienstleistungswissen* in allen Bereichen schafft (Call 1997, S. 129 f.; Egner/Hoffmann 1995, S. 450; Saatweber 2007, S. 46; Wildemann 2008, S. 185). Auch die *kompakt dargestellten Ergebnisse* im gleich aufgebauten „HoQ" sind eine Stärke von Quality Function Deployment (Call 1997, S. 130; Schöler 1990, S. 139; Wildemann 2008, S. 185). Darüber hinaus sind die *Lerneffekte* bei den Teammitgliedern, die sich durch anwendungsbezogenes „Know-How" oder im Rahmen des kommunikativen Verhaltens zeigen, zu erwähnen (Call 1997, S. 130; Schröder/Zenz 1996, Sp. 1708; Wildemann 2008, S. 185). Quality Function Deployment kann auch *ohne weitere Methoden, Tools oder Hilfsmittel* durchgeführt werden, aber auch Qualitätstools können jederzeit integriert werden (Call 1997, S. 130; Herzwurm/Mellis/Stelzer 1995, S. 304 ff.; Hövelmann/Obrikant/Otten 1995, S. 61 ff.; Mierzwa 1995, S. 191; Wildemann 2008, S. 185). Des Weiteren hilft QFD bei der *Fokussierung auf die wesentlichen Punkte* und *Entwicklungszeiten zu verkürzen*, da mögliche Änderungen im Vorfeld berücksichtigt werden (Menon et al. 1994, S. 91 ff.; Prasad 1996; Saatweber 2007, S. 46). Außerdem werden durch die Anwendung von Quality Function Deployment *Fehlentwicklungen verringert, Entwicklungskosten und Investitionen reduziert* und *Wettbewerbsanalysen unterstützt* (Saatweber 2007, S. 46).

Neben all diesen Vorteilen von QFD zeigen sich dennoch *Schwächen* des Modells. Das „HoQ" fragt einzelne Eigenschaften des zukünftigen Produkts bzw. der Dienstleistung ab. Allerdings sind diesen *keine exakten Eigenschaftsausprägungen* zugeordnet. Darüber hinaus fehlt die Angabe über die *Wichtigkeit der einzelnen Ausprägungen aus Kundensicht*. Ein zusätzlicher Nachteil von Quality Function Deployment ist die *geringe methodengestützte Hilfestellung um relevante Qualitätsmerkmale zu generieren*. Dies hat eine relativ subjektive Auswahl an Qualitätsmerkmalen zur Folge (Call 1997, S. 133; Chun-Lang 2006, S. 294; Wildemann 2008, S. 185). Ein weiterer Punkt ist die *mangelnde Berücksichtigung von Knock-Out-Kriterien*. Diese werden u.U. aufgrund der niedrigen Teilnutzenwerte von vorneherein ausgeschlossen (Call 1997, S. 134; Schmidt 1996b, S. 320; Wildemann 2008, S. 185). Außerdem lassen sich die angegebenen *Zielwerte für die unterschiedlichen Qualitätsmerkmale* aus den im „House of Quality" beschriebenen Informationen *nicht exakt nachvollziehen*. Die Qualitätsmerkmalsausprägungen werden meist subjektiv auf Erfahrungen basierend festgelegt. Auch ist zu kritisieren, dass *Fähigkeiten und Voraussetzungen des Unternehmens nur rudimentär bei der Qualitätsmerkmalszielwertbestimmung berücksichtigt* werden (Call 1997, S. 135 f.; Wildemann 2008, S. 185). Des Weiteren ist zu beachten, dass ein „HoQ" nicht zu komplex werden darf. Es sollte nur eine *begrenzte Anzahl an Merkmalen* in das Modell einfließen (Saatweber 2007, S. 53).

In Teil 2 und 3 dieses Buches wurden die Grundlagen zu Serviceinnovationen und Quality Function Deployment dargestellt. Im Folgenden werden zunächst die Besonderheiten und Herausforderungen von Dienstleistungsinnovationen sowie daraus folgende Implikationen für das Service Engineering herausgearbeitet. Anschließend analysiert Teil 5, inwieweit die in Teil 4 herausgearbeiteten Anforderungen von Serviceinnovationen durch die Anwendung von QFD bewältigt werden können.

4. Besonderheiten und Herausforderungen von Serviceinnovationen

Die Eigenheiten und somit auch die Herausforderungen von Dienstleistungsinnovationen gehen hauptsächlich aus den charakteristischen Hauptmerkmalen, der Intangibilität und Kundenbeteiligung, hervor (Kap. 4.1.). Im Folgenden werden die Besonderheiten von fertig entwickelten Dienstleistungen im Allgemeinen und die daraus resultierenden Implikationen für die Serviceentwicklung analysiert (Kap. 4.2.). Darauf basierend werden die Besonderheiten von Serviceinnovationen im Speziellen und Implikationen für die Dienstleistungsentwicklung erörtert (Kap. 4.3.). Aufgrund der ausführlichen Darstellung von Dienstleistungen und Serviceinnovationen kann es im Bezug auf die Implikationen für das Serviceinnovationsmanagement zu Überschneidungen kommen.

4.1. Erläuterung der Hauptmerkmale von Dienstleistungen: Intangibilität und Kundenbeteiligung

Dienstleistungsinnovationen unterscheiden sich von Produktneuheiten aufgrund ihrer spezifischen Dienstleistungscharakteristika (Burr 2008, S. 88; de Brentani 1991, S. 33 ff.; Edgett/Parkinson 1994, S. 24 ff.; Gallouj/WeinJ.S. 1997, S. 540; Hipp/Tether/Miles 2003, S. 81 ff.; Terill/Middlebrook 1996, S. 315 ff.; Thwaites 1992, S. 303 ff.; Vermeulen/van der Aa 2003, S. 35 ff.). Dazu zählen - wie auch schon in der Definition nach Hentschel erwähnt - zwei Hauptmerkmale: Intangibilität und Kundenbeteiligung (Kuhlmann 2001, S. 215).

Intangibilität kann sich physisch wie intellektuell darstellen lassen (Hentschel 1992, S. 25). Unter der physischen Betrachtungsweise versteht man „das, was nicht gesehen, gefühlt oder geschmeckt werden kann, also das unstoffliche bzw. immaterielle" (Hentschel 1992, S. 25). Dagegen bezeichnet die intellektuelle Intangibilität, das „which cannot be easily defined, formulated, or grasped mentally" (Berry 1980, S. 25).

Nach Hentschel kann die *Kundenbeteiligung* in eine räumliche, zeitliche, funktionale und soziale Ebene untergliedert werden (1992, S. 29). Allerdings ist in Zeiten moderner Informations- und Kommunikationstechnologien – wie in Kap. 2.2. erwähnt – der direkte Kontakt mit dem Kunden am selben physischen Ort nicht mehr notwendig. Beispielsweise kann das World Wide Web oder das Telefon den gemeinsamen Ort ersetzten. Die zeitliche Dimension beschreibt den Zustand, dass Anbieter und Nachfrager zur selben Zeit aufeinandertreffen. Unter der sozialen Ebene versteht man den zwischenmenschlichen Bereich der Interaktion zwischen Anbieter und Nachfrager. Dagegen bezieht sich die funktionale Dimension auf die Kundenbeteiligung an der Leistungserstellung. (Hentschel 1992, S. 29). Im Folgenden werden die Besonderheiten, Herausforderungen und Implikationen nach diesen beiden Hauptmerkmalen selektiert, wobei nicht immer eine eindeutig Zuordnung möglich ist, da manche Besonderheiten aus beiden Servicehauptmerkmalen resultieren.

4.2. Besonderheiten von Services im Allgemeinen und Implikationen für die Dienstleistungsentwicklung

Die Besonderheiten von Dienstleistungen und die sich daraus ergebenden Herausforderungen für das Innovationsmanagement basieren auf den zwei Haupteigenschaften von Services: Intangibilität (Abschnitt 4.2.1.) und Kundenbeteiligung (Abschnitt 4.2.2.).

4.2.1. Eigenheiten und Implikationen von Dienstleistungen aufgrund der Intangibilität

Nach Zeithaml weisen *Services vorwiegend Vertrauens-, aber auch Erfahrungseigenschaften* auf, da sie immateriell sowie nicht standardisiert sind und erst nach dem Kauf erstellt werden (1981, S. 186 ff.). Vertrauenseigenschaften können weder vor noch nach dem Kauf bewertet werden, so dass der Konsument gezwungen ist auf die Informationen des Anbieters zu vertrauen. Im Gegensatz dazu kann der Konsument Erfahrungseigenschaften erst durch den Konsum, d.h. nach dem Kauf ausmachen (Darby/Karny 1973, S. 68 ff.; Nelson 1970, S. 311 ff.; Zeithaml 1981, S. 186 ff.). Dies hat zur Folge, dass sich Konsumenten an Suchmerkmalen, welche schon vor dem Kauf beurteilt werden können, orientieren, obwohl ihnen vorwiegend Erfahrungs- und v.a. Vertrauenseigenschaften vorliegen (Darby/Karny 1973, S. 67 ff.; Kuhlmann 2001, S. 220; Nelson 1970, S. 311 ff.; Zeithaml 1981, S. 186 ff.). So schlussfolgern sie aufgrund der sichtbaren Produktionsfaktoren, wie z.B. der Mitarbeiter und dem Unternehmensimage, auf die zu erwartenden Merkmale der Prozess- und Ergebnisqualität (Kuhlmann 2001, S. 220). Dies bedeutet für das Serviceinnovationsmanagement die Produktionsfaktoren transparent zu gestalten, serviceorientierte Mitarbeiter auszubilden und sich um ein positives Unternehmensimage zu bemühen.

Zudem bevorzugen die Nachfrager von Dienstleistungen *glaubwürdige und besonders persönlich bekannte Quellen* (Béltramini/Sirsi 1992, S. 52 ff.; Friedman/Smith 1993, S. 47 ff.; Kuhlmann 2001, S. 220; Mengen 1993, S. 104 ff.; Murray 1991, S. 10 ff.; Parasuraman/Zeithaml 1983, S. 35 ff.; Weiber/Adler 1995, S. 99 ff.). Es ist deswegen bereits bei der Entwicklung einer neuen Dienstleistung von Bedeutung diese genau auf die Bedürfnisse des Servicenachfragers abzustimmen, so dass sie vom Kunden als empfehlenswert empfunden werden und auch von Zertifizierungsgesellschaften, wie z.B. Stiftung Warentest, Testsiegel erhalten. Zudem ist hier auch ein glaubwürdiges Marketing gefragt. Als Voraussetzung dafür dient, dass das Entwicklungsteam die Bedürfnisse und Wünsche ihrer Kunden genau kennt und diese präzise umsetzen kann. Besonderes Augenmerk sollte auf Begeisterungsfaktoren gelegt werden. So können Kunden zu Fans werden, wie es beispielsweise Ziel von Vodafone ist (Vodafone 2009a). Denn einen Kunden zum Fan zu haben, bedeutet absolute Kundenloyalität und eine verstärkte Weiterempfehlung des Serviceanbieters durch den Konsumenten.

Das Entscheidungsverhalten des Konsumenten bei Dienstleistungen ist besonders geprägt von seiner Reaktion auf das *wahrgenommene Kaufrisiko*. Die Einschätzung der subjektiven Wahrscheinlichkeit über das Eintreffen negativer Konsequenzen aus einer Entscheidung und das wahrgenommene Ausmaß dieser Folgen bestimmen das wahrgenommene Kaufrisiko. Diese beiden Variablen werden durch die Art des Service, den Informationen, welche vor dem Kauf zur Verfügung stehen oder Erfahrungen, welche mit diesem oder ähnlichen Dienstleistungen gemacht wurden, bestimmt. Darüber hinaus beeinflussen die empfundenen Einwirkungsmöglichkeiten des Kunden und die vermuteten Umwelteinflüsse zusätzlich das wahrgenommene Kaufrisiko (Kuhlmann 2001, S. 221 ff.). Da in diesem Buch angenommen wird, dass in der Praxis die Art der Dienstleistung meistens festgelegt ist und in Hinblick auf das Kaufrisiko nicht abgeändert wird, soll die Serviceart als fixe Größe gelten. Vergangene Erfahrungen, welche mit dieser oder ähnlichen Dienstleistung bei Wettbewerbern gemacht wurden, können nach Meinung des Verfassers auch nicht beeinflusst werden. Es ist jedoch darauf hinzuweisen, dass es im Rahmen eines einheitlichen Unternehmensimage und nach dem TQM-Ansatz Ziel ist, alle Dienstleistung nach höchster Qualität zu gestalten. Wenn dieses Ziel erreicht wird können die Erfahrungen, welche der Kunde mit ähnlichen Services in derselben Unternehmung gemacht hat, positiv beeinflusst werden. Zudem kann das wahrgenommene Risiko bei einem neuen Service gering gehalten werden, wenn bereits beim Service Engineering beachtet wird, wie die empfundenen Einwirkungsmöglichkeiten für den Nachfrager optimal aussehen und diese bei der Entwicklung umgesetzt werden. Das erfordert erneut die genaue Kenntnis der Kundenanforderungen und -bedürfnisse. Zudem kommt hier auch die Bedeutung des Marketings einer Serviceinnovation zum Tragen, da dieses die vor dem Kauf zur Verfügung stehenden Informationen steuern kann.

4.2.2. Eigenheiten und Implikationen von Dienstleistungen aufgrund der Kundenbeteiligung

Das Verhalten des Konsumenten während des Kaufs von Dienstleistungen ist meist dadurch charakterisiert, dass die *Loyalität* der Käufer gegenüber Marken bzw. Anbieter höher ist, als bei Sachgütern (Friedman/Smith 1993, S. 47 ff.; Zeithaml 1981, S. 186). Zudem treten *Sofort- und Impulskäufe* von Dienstleistungen nicht so oft auf, wie bei materiellen Produkten (Murray 1991, S. 10 ff.). Diese Charakteristik von Services spricht zum einen dafür neben der reinen Serviceentwicklung einen besonderen Fokus auf das Unternehmens- und Markenimage zu legen und betont zum anderen die Wichtigkeit von serviceorientierten Mitarbeitern, da diese eine persönliche Bindung zum Konsumenten aufbauen.

Innerhalb der Nutzungsphase der Dienstleistung spielt die Integration des Kunden eine besondere Rolle. Wichtig ist hierbei der Eindruck des Kunden, inwieweit er den Interaktionsprozess selbst beeinflussen kann oder von den Mitarbeitern und der Organisation des Anbieters gesteuert wird (Rotter 1966, S. 1 ff.). Die Art und das Ausmaß der *wahrgenommenen Kontrolle* einer Situation sind bedeutend für die Bewertung, die Zufriedenheit und das Verhalten des Kunden (Bateson 1992, S. 123 ff.). Da die Kontrollpräferenzen der Nachfrager unterschiedlich sind, ist es wichtig diese zu kennen und optimal auf die Zielgruppe der Dienstleistungsinnovation abzustimmen (Kuhlmann 2001, S. 230 f.). Dadurch wird erneut die Wichtigkeit der Kenntnis von Kundenbedürfnissen beim Service Engineering hervorgehoben.

In der Kauf- und besonders in der Nutzungsphase vollzieht sich zwischen dem Kunden und dem Mitarbeiter ein sozialer Austausch. Dabei haben Nachfrager sowie Anbieter von Services gewisse *Verhaltenserwartungen* an ihr Gegenüber, welche der Kunde dem Unternehmen durch spezifische Anforderungen zur Spezifikation der gewünschten Qualität vorgeben kann (Kuhlmann 2001, S. 231). Um den Kunden zufriedenzustellen ist nicht nur die wahrgenommene Ergebnisqualität, sondern auch die *Prozessqualität* in Form des wahrgenommenen Bemühens des Anbieterpersonals entscheidend (Mohr/Bitner 1995, S. 239 ff.). Außerdem ist das

Zusammentreffen von Servicemitarbeiter und Kunden „stärker" und von intensiveren und zahlreicheren Interaktionen bestimmt als bei Sachleistungen (Bitner/Booms/Tetreault 1990, S. 71 ff.; Knowles/George/Pickett 1993, S. 4 ff.). Aus diesem Grund ist es bereits bei der Dienstleistungsentwicklung wichtig herauszufinden, welche Verhaltenserwartungen die Servicenachfrager von Dienstleistungsanbietern haben und ein Schulungskonzept für die Mitarbeiter zu entwickeln, welches sie auf die genauen Anforderungen des Kunden vorbereiten.

Durch die Beteiligung des Kunden fließen *Kauf und Nutzung bei vielen Services untrennbar zusammen*. Dabei ist die eigentliche Nutzungszeit chronometrisch wie subjektiv empfunden länger (Kuhlmann 2001, S. 226). Aufgrund dieser beiden Aspekte kann gerade im Dienstleistungsbereich das Verhalten des Konsumenten kurz vor und während des Kaufs positiv durch die personalen und sachlichen *Potenzialfaktoren* beeinflusst werden. Die Optimierung der Umgebungsbedingungen (z.B. Temperatur) der Räume und Funktionen (z.B. Möbel) oder der Zeichen und Symbole (z.B. Dekoration) kann zum einen Zuwendungsreaktionen beim Kunden auslösen und ihn in seiner Wahl des Anbieters bestätigen. Zum anderen kann sich dies auch positiv bei den Servicemitarbeitern des Unternehmens widerspiegeln, die dadurch wiederum angenehmer auf den Kunden einwirken können (Bitner 1992, S. 57 ff.; Kuhlmann 2001, S. 225 f.). Neben der reinen Serviceentwicklung sollte deswegen auch die Ausstattung des „Erfüllungsortes" an den Bedürfnissen des Kunden ausgerichtet sein. Hierfür ist es erneut von Bedeutung die genauen Wünsche der Servicenachfrager zu kennen.

Da in der Konsumphase das *Zeitmanagement* des Anbieters auch von Bedeutung ist, ist beim Service Engineering je nach Zeitverständnis des Nachfragers und Art seines Zeiterlebens die messbare Zeit des neuen Services optimal zu gestalten, um so das Zeiterleben des Kunden positiv zu beeinflussen (Kuhlmann 2001, S. 226; Stauss 1991, S. 81 ff.; Tom/Lucey 1995, S. 20 ff.). Wiederum ist es hierzu von Bedeutung die genauen Kundenwünsche zu kennen.

Zusammenfassend können aus den aufgeführten Besonderheiten und Herausforderungen von Dienstleistungen als Implikationen für das Serviceinnovationsmanagement folgende Schlussfolgerungen gezogen werden. Wie Abb. 12 zeigt, könnten die meisten Herausforderungen durch das genaue Wissen über den Kunden sowie seinen Wünschen und Bedürfnissen gemeistert werden. Anders als bei der Gestaltung von Produkten erfordert Service Engineering eine wesentlich umfassendere Untersuchung der Kundenbedürfnisse. Zudem sind serviceorientierte Mitarbeiter, ein gezieltes Marketing, die Umsetzung eines Total Quality Managements sowie das Schaffen eines positiven Unternehmens- und Markenimage wichtige Anforderungen für die Entwicklung einer erfolgreichen Serviceinnovation.

Abb. 12: Anforderungen an das Service Engineering aufgrund der allgemeinen Merkmale von Dienstleistungen
Quelle: Eigene Darstellung

4.3. Besonderheiten von Serviceinnovationen im Speziellen und Implikationen für das Dienstleistungsentwicklungsmanagement

Neben den generellen Besonderheiten von Dienstleistungen können auch spezielle Eigenheiten von Serviceinnovationen analysiert werden. Diese und die sich daraus ergebenden Herausforderungen für das Innovationsmanagement können erneut nach den Hauptcharakteristika von Services Intangibilität (Abschnitt 4.3.1.) und Kundenbeteiligung (Abschnitt 4.3.2.) kategorisiert werden.

4.3.1. Eigenheiten und Implikationen von Dienstleistungsinnovationen aufgrund der Intangibilität

Services sind durch Nichtgreifbarkeit und einem hohen Informationsgehalt gekennzeichnet. Sie weisen keine autonome physische Existenz auf (Burr 2007, S. 88, M.D. 2009, S.S. 2009). Dadurch besteht innerhalb der Dienstleistungsentwicklung der Bedarf an einer *intensiven Interaktion aller Beteiligten*, weil der neue Service meist nicht gefühlt oder berührt werden kann. Ein *gemeinsames Verständnis* des neuen Service und die Entwicklung einer *gemeinsamen Wissensbasis* sind deswegen von enormer Bedeutung (Burr 2007, S. 88).

Aufgrund der Intangibilität und des hohen Abstraktionsgrad von Dienstleistungsinnovationen wird innerhalb der Servicekonzeption ein *erhöhtes Abstraktionsvermögen* von den an der Entwicklung beteiligten Personen gefordert (Stauss/Bruhn 2004, S. 9). Auch die *Prototypentwicklung* der neuen Dienstleistung und *eingehende Tests* durch den Prototypen auf der Planungsebene sind plastisch nicht darstellbar und deswegen *nur beschränkt möglich* (Stauss/ Bruhn 2004, S. 9). Herausforderung des Serviceinnovationsmanagement ist das Abstraktionsvermögen durch geeignete Methoden zu unterstützen sowie alternative Instrumente anstelle des klassischen Prototyps und den bisher üblichen Tests zu erarbeiten (Meffert/Bruhn 2009, S. 262). Zudem sollten diese Methoden einfach in das Innovationsmodell integriert werden können.

Innovationszeiträume bei einer neuen Dienstleistung sind mit zwei bis vier Jahren wesentlich kürzer als bei Produktentwicklungen, bei denen diese fünf bis zehn Jahre betragen (Scholich/Robers 2007, S. 326). Der geringere Zeitaufwand basiert nach Meinung von Experten u.a. auf einfacheren Qualitätstests der neuen Dienstleistung und auf der nicht erforderlichen Logistik (A.K. 2009). Das hat auch zur Folge, dass der *Investitionsbedarf und die Abbruchwahrscheinlichkeit* in den frühen Phasen des Dienstleistungsinnovationsprozesses relativ niedrig sind (BenkenJ.S. 2001, S. 698; Dolfsma 2004, S. 4; Hipp/Verworn 2007, S. 102). Diese steigen erst bei der Markteinführung überproportional an. Dies spricht dafür zu Beginn des Innovationsprozesses mehrere Ideen mit Aussicht auf Erfolg konzeptionell zu entwickeln und dann restriktiv zu selektieren (BenkenJ.S. 2001, S. 698). Um dies zu ermöglichen, benötigt man ein standardisiertes und einfach durchzuführendes Serviceinnovationsmanagement, welches Ideen systematisch entwickelt.

Eine weitere Herausforderung von Dienstleistungsneuheiten ist die Tatsache, dass sie ein *Leistungsversprechen* darstellen, *welches bei hohem Innovationsgrad potenziellen Konsumenten nur schwer gegenüber kommuniziert werden kann*. Aufgrund der Intangibilität ist es sehr schwer dem Kunden den neuen Service darzustellen. Dadurch ist besonders die Kommunikation durch das Marketing gefragt die neue Dienstleistung anschaulich zu präsentieren.

Darüber hinaus herrscht aufgrund des immateriellen Zustandes von Dienstleistungsinnovationen ein *Mangel an rechtlichen und gewerblichen Schutzrechten* wie beispielsweise Patente bei Marktinnovationen (BenkenJ.S. 2001, S. 695; Haller 2005, S. 22; Littkemann/Holtrup 2007, S. 210 ff., Oke 2004, S. 39). Imitationen durch Wettbewerber erscheinen deswegen bei Services besonders einfach (Oke 2004, S. 39). Dadurch haben Innovatoren nur sehr kurze Zeit- und Innovationsvorteile bevor Nachahmer die Dienstleistungsneuheit kopieren (BenkenJ.S. 2001, S. 695). Das Service Engineering steht somit vor der Herausforderung zum einen den *„time-to-market"-Prozess so kurz wie möglich zu gestalten*. Zum anderen sollen

Markteintrittsbarrieren in Form vom Aufbau einer entsprechenden Reputation und der damit verbundenen Kundenbindung geschaffen werden. Dies kann durch eine spezielle Methode im Rahmen des Serviceprozesses und der Gewinnung des Kundenvertrauens durch eine überzeugende Dienstleistung erreicht werden. Außerdem kann man die durch gezielte Marketing- und Imagemaßnahmen aufbauen.

Eine weitere Besonderheit von Serviceinnovationen ist, dass sie aufgrund ihrer Immaterialität und der damit verbundenen Informationsintensität die Möglichkeiten der Informations- und Kommunikationstechnologie besonders gut nützen können (Hipp/Verworn 2007, S. 97). So wurde bereits 1992 in den USA im Servicesektor 80 Prozent der Technologieausgaben in den IuK-Bereich investiert (Leech et al. 1998). Jedoch müssen technische Veränderungen kompatibel zu den bestehenden Systemen sein. Eine deutsche Großbank entwickelte beispielsweise ein neues Kundenbetreuungsprogramm. Dazu war es notwendig eine eigene Software zu kreieren. Jedoch musste diese um an alle relevanten Informationen zu kommen mit allen vorhandenen Systemen im Unternehmen verknüpft werden (Meffert/Bruhn 2009, S. 260). *Systemkompatible IuK-Technologie* zu verwenden, ist somit eine weitere Herausforderung des Dienstleistungsinnovationsmanagement, die mit Hilfe von geeigneten IT-Experten gelöst werden kann.

4.3.2. Eigenheiten und Implikationen von Dienstleistungsinnovationen aufgrund der Kundenbeteiligung

Aus dem direkten Kontakt mit dem Kunden bei der Leistungserbringung folgt, dass bei interaktiven Dienstleistungen die Möglichkeit besteht, *permanent innovative Kundenanregungen aufzunehmen* (Stauss/Bruhn 2004, S. 9). In einer Studie von der European Business School, PricewaterhouseCoopers und dem Zentrum für Luft- und Raumfahrt wurden 140 deutsche Dienstleister verschiedener Branchen zum Thema Innovationserfolg befragt (Scholich/Gleich/Grobusch 2006). Ein Ergebnis dieser Untersuchung war, dass Kunden die wichtigsten Ideengeber für Innovationen sind. Dies zeigt eindeutig die essentielle Bedeutung das Innovationspotenzial der Nachfrager zu nutzen. Die Herausforderung für das Service Engineering besteht darin eine Methode zu integrieren, welche Kundenideen zu jederzeit aufnimmt und dokumentiert. Auch das Ideenpotenzial der Mitarbeiter, welche im unmittelbaren Kundenkontakt stehen, sollte dabei berücksichtigt werden (Scholich/Robers 2007, S. 332).

Auch die *Art und das Ausmaß der Kundenbeteiligung selbst sind Bestandteile des Innovationsgedanken* (Stauss/Bruhn 2004, S. 9). Im Rahmen des Innovationsmanagements müssen deswegen auch diese beiden Bestandteile in die Dienstleistungsentwicklung einfließen. Dies kann geschehen, indem die Servicemitarbeiter, welche im direkten Kundenkontakt stehen, in den Dienstleistungsentwicklungsprozess einbezogen werden, da diese den Konsumenten meist besonders gut kennen und dadurch den Blick für besonders kundennahe Innovationen schaffen können (Burr 2007, S. 88).

Zusätzlich dürfen Veränderungen von Kundenprozessen nicht in erster Linie unter Effizienzgesichtspunkten geplant werden, sondern sollen *Kunden- und Mitarbeiterbedürfnisse berücksichtigen*. Auch die Tatsache, dass neue Dienstleistungen für Kunden wie auch Mitarbeiter *Umlernprozesse* erfordern, ist zu berücksichtigen (Stauss/Bruhn 2004, S. 9 f.). Außerdem können sich die Anforderungen an die Mitarbeiter mit den neuen Kundenprozessen verändern. Daraus wiederum können sich *Akzeptanzprobleme* seitens der Mitarbeiter und entsprechende personalpolitische Folgen ergeben (Meyer/Blümelhuber 1998, S. 811). Ein optimales Innovationsmanagement muss diese Konsequenzen einplanen und entsprechend entgegensteuern. Zum einen ist hierfür der Einsatz von Instrumenten, welche das Lernen und die Entwicklung von Kunden sowie Mitarbeitern fördern, gefragt (Gouthier 2003, S. 68 ff.; Frauendorf 2004, S. 206; Kunz/Mangold 2004, S. 331). Zum anderen kann Akzeptanz für das Projekt durch interne Kommunikation erreicht werden.

Da der Konsument die Dienstleistungsqualität nicht nur an den Ergebnismerkmalen, sondern auch an den Prozess- und Potenzialmerkmalen, sofern ihm diese transparent werden, misst, ist es sinnvoll bei Serviceinnovationen die Abgrenzung zwischen nach innen orientierten Prozess- und nach außen gerichteten Produktinnovationen aufzulösen. (BenkenJ.S. 2001, S. 690; Meffert/Bruhn 2009, S. 158). Eine wesentliche Herausforderung bei Dienstleistungsinnovationen ist somit, dass sämtliche Objektdimensionen nachfragerseitig wahrgenommen werden und das Urteil über die Innovationsfähigkeit des Unternehmens prägen (BenkenJ.S. 2001, S. 691 f.). Bei vielen Serviceanbietern, wie z.B. im medizinischen Bereich, kommt sogar der Potenzial- oder Prozessinnovation eine höhere Bedeutung zu, als der Ergebnisinnovation, da bei den beiden erst genannten Innovationstypen eine größere Bandbreite an Neuerungsmöglichkeiten besteht (BenkenJ.S. 2001, S. 692). Eine Innovation auf Potenzialebene kann beispielsweise der veränderte Einsatz von Humanressourcen sein, während z.B. eine abgewandelte

Form der Kundeneinbindung eine Neuerung auf Prozessebene darstellt (BenkenJ.S./J.S.er 2004, S. 35 ff.). Das Dienstleistungsinnovationsmanagement ist somit besonders gefordert über Ergebnisinnovationen hinaus *auch Potenzial- und Prozessinnovationen am Markt durchzusetzen* (BenkenJ.S. 2001, S. 691 f.). Zusätzlich ist es sinnvoll nicht nur Mitarbeiter, welche im direkten Kundenkontakt stehen, sondern auch Beschäftigte des „Back-Office" aktiv in die Serviceentwicklung einzubinden, da parallel zum Entwicklungs- auch der Erstellungsprozess konzipiert werden sollte (Burr 2007, S. 89).

Zusammenfassend kann man in Abb. 13 erkennen, welche Herausforderungen sich bei Serviceinnovationen speziell ergeben.

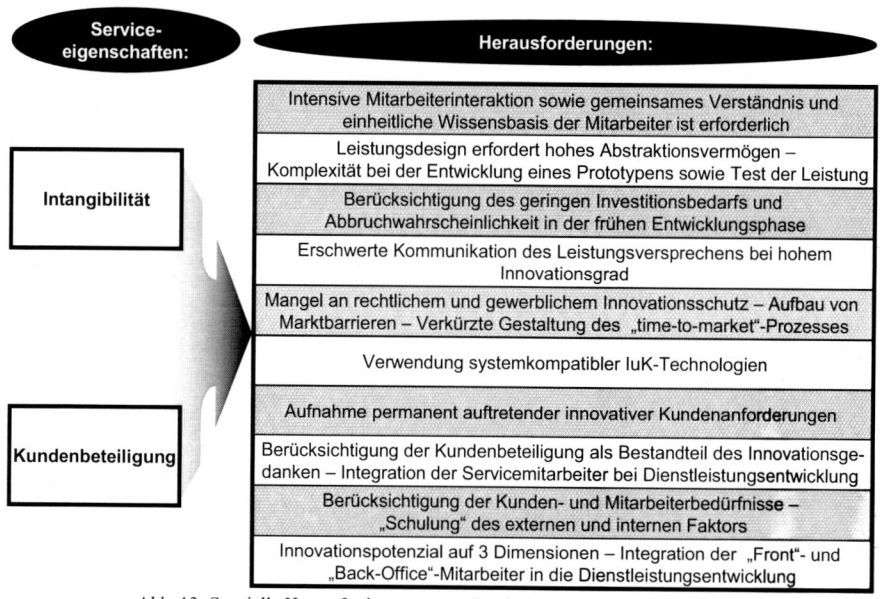

Serviceeigenschaften:	Herausforderungen:
Intangibilität	Intensive Mitarbeiterinteraktion sowie gemeinsames Verständnis und einheitliche Wissensbasis der Mitarbeiter ist erforderlich
	Leistungsdesign erfordert hohes Abstraktionsvermögen – Komplexität bei der Entwicklung eines Prototypens sowie Test der Leistung
	Berücksichtigung des geringen Investitionsbedarfs und Abbruchwahrscheinlichkeit in der frühen Entwicklungsphase
	Erschwerte Kommunikation des Leistungsversprechens bei hohem Innovationsgrad
	Mangel an rechtlichem und gewerblichem Innovationsschutz – Aufbau von Marktbarrieren – Verkürzte Gestaltung des „time-to-market"-Prozesses
	Verwendung systemkompatibler IuK-Technologien
Kundenbeteiligung	Aufnahme permanent auftretender innovativer Kundenanforderungen
	Berücksichtigung der Kundenbeteiligung als Bestandteil des Innovationsgedanken – Integration der Servicemitarbeiter bei Dienstleistungsentwicklung
	Berücksichtigung der Kunden- und Mitarbeiterbedürfnisse – „Schulung" des externen und internen Faktors
	Innovationspotenzial auf 3 Dimensionen – Integration der „Front"- und „Back-Office"-Mitarbeiter in die Dienstleistungsentwicklung

Abb. 13: Spezielle Herausforderungen von Serviceinnovationen und Implikationen für das Dienstleistungsmanagement
Quelle: Eigene Darstellung

Teil 4 dieses Buches zeigt deutlich die Anforderungen, welche an ein effizientes Serviceinnovationsmanagement gestellt werden auf. Es stellt sich nun die Frage, mit welchen Methoden diese Schwierigkeiten gelöst werden können.

5. Relevanz von Quality Function Deployment für das Lösen der Herausforderungen von Serviceinnovationen

Wie in Teil 4 dieses Buches erläutert, sind erfolgreiche Dienstleistungen insb. die Entwicklung eines neuen Services sehr komplex und voller Herausforderungen. QFD könnte eine geeignete Methode sein, um diese Aufgaben zu bewältigen. Aus diesem Grund wird überprüft, ob sich Quality Function Deployment eignet, die Herausforderungen von Dienstleistungen im Allgemeinen (Kap. 5.1.) und Serviceinnovationen im Speziellen zu bewältigen (Kap. 5.2.).

5.1. Eignung von Quality Function Deployment zur Bewältigung allgemeiner Herauforderungen von Dienstleistungen

Zunächst wird in diesem Kapitel die Bedeutung der systematischen Integration von Kundenwünschen und –bedürfnissen in den Innovationsprozess, herausgestellt und die Möglichkeiten diese durch Quality Function Deployment umzusetzen überprüft (Abschnitt 5.1.1.). Anschließend wird ermittelt, ob QFD eine geeignete Lösung für die weiteren Anforderungen von Dienstleistungen darstellen kann (Abschnitt 5.1.2.).

5.1.1. Bedeutung der Integration des Kunden in den Serviceinnovationsprozess und Möglichkeiten von Quality Function Deployment für die Umsetzung dieser Integration

Empirische Studien belegen, dass die Innovationsfähigkeit eines Unternehmens nachhaltig durch die Integration des Kunden erhöht wird (Herstatt/von Hippel 1992, S. 219). Der Kunde kann sogar als die bedeutendste externe Innovationsquelle bezeichnet werden (Olsen/Sallis 2006, S. 466). Auch aus Sicht der im Rahmen dieser Untersuchung befragten Experten ist die Kundenbeteiligung im Dienstleistungsinnovationsprozess extrem wichtig (L.A. 2009; M.D. 2009; S.E. 2009; A.K. 2009; S.S. 2009; J.S. 2009; E.W. 2009). Zudem bringt die frühe Integration des Kunden in die Dienstleistungsentwicklung nach Kirchmann und Warschburger weitere Vorteile mit sich. Dazu zählen u.a. ein intensiveres Verhältnis zum Entwicklungspartner, ein besseres Marktverständnis und eine verbesserte Dienstleistungsqualität (2003, S. 42 ff.). Zudem wird die Akzeptanz durch den Kunden gefördert, da Barrieren in einem frühen Stadium der Entwicklung bereits erkannt und beseitigt werden können (Meffert/Bruhn 2009, S. 259). Besonders durch die charakteristischen Merkmale von Services sind die Anforderungen der Kunden von spezieller Wichtigkeit (Scholich/Robers 2007, S. 331). Wie aus Kap. 4.2. hervorgeht ist das genaue Wissen über den Kunden, seine Bedürfnisse und Wünsche die Antwort auf die meisten Herausforderungen, welche das Service Engineering aufgrund der generellen Besonderheiten von Dienstleistungen zu bewältigen hat. Auch an mehreren Ansatzpunkten in Kap. 4.3. wird die essentielle Bedeutung der Kundenorientierung und der Umsetzung von Kundenanforderungen klar. Aus diesen Gründen ist die Integration der Kundenwünsche und -bedürfnisse in den Dienstleistungsinnovationsprozess eine wichtige Aufgabe innerhalb des Serviceinnovationsmanagements (Tilebein 2007, S. 117). Dabei soll nicht nur berücksichtigt werden, wie eine Dienstleistung vom Kunden gewünscht wird, sondern auch welche Funktionen der Service für den Kunden erfüllen soll.

Jedoch sollte bei der Kundenintegration in den Serviceinnovationsprozess auch bedacht werden, dass dadurch Risiken entstehen können. Dazu zählt ein möglicher Wissensabfluss, wie z.B. die ungewollte Unterstützung eines Wettbewerbers durch die Weitergabe internen Wissens von einem illoyalen Kunden. Weitere Risiken sind die Abhängigkeit von einem Kunden oder die Begrenzung auf inkrementelle Optimierungen anstelle von radikalen Innovationen (Enkel/Kausch/Gassmann 2005, S. 203 ff.). Wenn man sich nur auf die vom Kunden formulierten Anforderungen als Innovationskanal verlässt entsteht zudem das Risiko, dass gewisse Innovationen gar nicht vorangetrieben werden können, „weil der Kunde teilweise sein Bedürfnis noch gar nicht kennt. Er kennt nur seinen Bedarf und manchmal hat man ja die Chance durch eine Dienstleistung, die der Kunde noch nicht kennt, ein gewisses Bedürfnis zu wecken" (S.S. 2009). Dennoch kann eindeutig geschlussfolgert werden, dass die Vorteile einer Kundeneinbindung in den Dienstleistungsinnovationsprozess überwiegen. Es sollte allerdings ein Bewusstsein dafür geschaffen werden, dass bei der Kundenintegration auch Risiken entstehen können (Enkel 2005, S. 172). Auch sollte die Integration des Kunden nicht allein durch seine formulierten Anforderungen erfolgen, sondern besonders durch die Analyse seiner Wünsche und Bedürfnisse.

Wie bereits in Abschnitt 2.4.1. erwähnt wurde, weist das Serviceinnovationsmanagement trotz seiner hohen Bedeutung kaum standardisierte Methoden, Instrumente und Prozesse auf. Jedoch ist es gerade aufgrund der charakteristischen Dienstleistungseigenschaften bei Serviceinnovation ganz besonders wichtig auf Anhieb Dienstleistungen exzellenter Qualität zu erbringen (Gogoll 2000, S. 365). Auch wurde in den Experteninterviews deutlich, dass die befragten Unternehmensvertreter bislang keinen standardisierten Serviceinnovationsprozess verwenden, jedoch an seine Vorteilhaftigkeit glauben (L.A. 2009; S.E. 2009, A.K. 2009, S.S.

2009; J.S. 2009; E.W. 2009). Durch die Mängel des Serviceinnovationsmanagements ist die Erfassung und Umsetzung der Kundenwünsche oft unsystematisch und unvollständig. Als Konsequenz daraus entsteht eine Lücke zwischen angeboteter und nachgefragter Qualität, die neue Dienstleistung wird am Markt nicht angenommen, die Kunden sind unzufrieden, beschweren sich oder wechseln zu einem Wettbewerber (Gogoll 2000, S. 365). Die Serviceinnovation ist somit zum Scheitern verurteilt. Mercedes Benz brachte dieses Verhalten im Rahmen eines Projektes 1993, welches auf „das Dienen" gegenüber dem Kunden ausgerichtet war mit zwei Kommentaren sehr treffend zum Punkt: „'Unzufriedene Mercedes-Fahrer kann man überall finden. Bei BMW, bei Jaguar, bei Audi...'", „'Wenn wir die Wünsche der Kunden nicht mehr ernst nehmen, werden die Kunden uns nicht mehr ernst nehmen'" (Saatweber 2007, S. 39 f.).

Quality Function Deployment kann eine geeignete Methode sein, um Kundenanforderungen, -erwartungen und -wünsche in den Fokus des Dienstleistungsinnovationsprozess zu setzen. Als Qualitätsentwicklungssystem fragt QFD nach den Kundeninteressen. Im weiteren Sinne bindet Quality Function Deployment das Management in den Prozess des Kundendienstes mit ein (Saatweber 2007, S. 37). Wie in Teil 3 dieses Buches vorgestellt, kann QFD Kundenanforderungen stufenweise in konkrete Zielgrößen für Produkte bzw. Dienstleistungen und Prozesse übersetzen (Gogoll 2000, S. 365). Durch diese sukzessive Umsetzung wichtiger Kundenanforderungen in unternehmensspezifische Merkmale kann Quality Function Deployment eine konsequente und kontinuierliche Kundenorientierung erreichen (Call 1997, S. 129; Schmidt 1996b, S. 314; Wildemann 2008, S. 185). Lt. der Firma Black & Decker, welche QFD seit Ende der 80er Jahre für die Entwicklung neuer Produkte verwendet, ist der Hauptzweck von Quality Function Deployment die sichere Erfüllung der Kundenerwartungen im Produkt. Nach ihren Erfahrungen hilft QFD aus verbalen Kundenwünschen klare technische Spezifikationen zu erstellen (Saatweber 2007, S. 46). Die Firma 3M schätzt die „Konzentration auf die für den Kunden wichtigen Produkte", die „Arbeit an den wichtigsten Eigenschaften des Produktes" und das „bessere Design für den Kunden" (Saatweber 2007, S. 47). Somit kann QFD eine geeignete Methode sein, um eine der Hauptaufgaben des Serviceinnovationsprozesses, die Integration der Kundenanforderungen, zu lösen.

5.1.2. Möglichkeiten von Quality Function Deployment für das Lösen der weiteren Herausforderungen von Dienstleistungen

Wie in Kap. 4.2. dargestellt ergeben sich für das Serviceinnovationsmanagement mehrere Anforderungen aufgrund der Besonderheiten von Dienstleistungen. Dazu zählen die Umsetzung eines qualitätsorientierten ganzheitlichen Managements wie TQM, serviceorientierte Mitarbeiter, ein positives Unternehmens- und Markenimage, ein gezieltes Marketing sowie die Integration der Kundenbedürfnisse.

Wie in Kap. 3.3. beschrieben stellt *Total Quality Management* für die Anwendung von QFD eine gute Voraussetzung dar, weil der Fokus von TQM sowie Quality Function Deployment auf dem Kunden liegt. Somit wird auch durch die Anwendung von QFD das auf totale Qualität ausgerichtete Managementsystem unterstützt. Dies deckt aber nur einen Bereich des TQM ab. Deswegen kann Total Quality Management durch QFD nicht ganzheitlich umgesetzt werden. Die Anforderung *serviceorientierte Mitarbeiter* kann durch Quality Function Deployment erfüllt werden. Durch QFD können Mitarbeiter erkennen, welche Anforderungen ein Kunde an eine Dienstleistung stellt. Zudem widmet sich die vierte Phase des Service-QFD-Prozesses der Schulung von Mitarbeitern. Ein positives *Unternehmens- und Markenimage* kann indirekt durch QFD erreicht werden. Durch die Planungsmethode können Dienstleistungen entwickelt werden, die genau den Kundenanforderungen entsprechen und somit die Kundenzufriedenheit steigern. Langfristig gesehen erhöht sich durch hohe Qualität das Image des Unternehmens. Auch neue Innovationen eines Unternehmens können zu einem guten Image beitragen. Allerdings bedarf es dafür noch zusätzlich geeigneter Image- und PR-Maßnahmen, um diese Qualitätsstandards publik zu machen und damit wirklich ein Image zu schaffen. *Marketing* ist losgelöst vom QFD-Prozess, so kann Quality Function Deployment dieses auch nicht unterstützen. Der einzige Ansatzpunkt ist, dass durch QFD Informationen darüber geliefert werden, was der Kunde wirklich will und dass das Marketing genau an diesen ansetzen kann. Die Hauptanforderung, die *Integration der Kundenbedürfnisse* kann – wie ausführlich in Abschnitt 5.1.1. erläutert wird – voll und ganz durch QFD umgesetzt werden.

Zusammenfassend ist zu beobachten, dass alle Anforderungen bis auf die Integration der Kundenbedürfnisse, nicht oder nur indirekt durch Quality Function Deployment bewältigt werden können.

5.2. Eignung von Quality Function Deployment zur Bewältigung spezieller Herauforderungen von Dienstleistungsinnovationen

Nachdem sich Quality Function Deployment nicht besonders gut zur Lösung der allgemeinen Schwierigkeiten von Dienstleistungen eignet, stellt sich nun die Fragen, inwieweit durch die QFD-Methodik spezielle Herausforderungen von Serviceinnovationen, kategorisiert nach den Dienstleistungshauptmerkmalen Intangibilität (Abschnitt 5.2.1.) und Kundenbeteiligung (Abschnitt 5.2.2.) gemeistert werden können.

5.2.1. Möglichkeiten von Quality Function Deployment für das Lösen der Herausforderungen von Serviceinnovationen aufgrund der Intangibilität

Wie in Abschnitt 4.3. ergeben sich mehrere Aufgaben aufgrund der Immaterialität der Services für das Dienstleistungsinnovationsmanagement. Es wird nun überprüft, inwieweit diese durch QFD gemeistert werden können. Hierfür wird sich auch auf Kap. 3.5. bezogen.

1. Herausforderung: Eine intensive Mitarbeiterinteraktion, sowie ein gemeinsames Verständnis der Dienstleistungsinnovation und eine einheitliche Wissensbasis der Mitarbeiter ist erforderlich.

Diese Aufgabe kann durch QFD bewältigt werden. Kommunikationsprobleme und Schnittstellenverluste werden durch Quality Function Deployment deutlich reduziert, indem Kundenanforderungen operationalisiert und systematisch in genaue Zielgrößen übersetzt werden (Gogoll 2000, S. 366). Den Erfahrungen von Black & Decker zufolge wird die betriebliche Zusammenarbeit durch Quality Function Deployment gefördert. Der Grund hierfür ist die gemeinschaftliche Bearbeitung der QFD-Matrix durch ein interdisziplinarisches Projektteam, welches aus Mitgliedern unterschiedlicher Bereiche, die mit der Dienstleistungsinnovation in Verbindung stehen, besteht. Lt. 3M fördert Quality Function Deployment auch die Sozialstruktur im Team (Saatweber 2007, S. 46 f.). Aus diesem Grund wird durch QFD – wie bereits in Kap. 3.5. erwähnt – eine intensive Kommunikation und auch Interaktion innerhalb des Projektteams hergestellt und gefördert. Durch die regelmäßigen Projekttreffen und die einheitliche Aufgabenstellung und Zieldefinition ist auch das gemeinsame Verständnis der Serviceinnovation sichergestellt. Wie in Kap. 3.5. dargestellt fördert Quality Function Deployment darüber hinaus den Wissensaustausch und die Zusammenarbeit zwischen unterschiedlichen Abteilungen, wodurch eine detaillierte Produkt- bzw. Dienstleistungswissensbasis in allen Bereichen geschaffen wird. Auch die genaue Aufzeichnung der relevanten Daten zur Innovationsentscheidung, wie Kundenanforderungen, Wettbewerbsanalysen, Ablehnungsgründe einer Innovationsidee etc. im „HoQ" trägt zu einer Wissensbasis bei, die darüber hinaus für spätere Serviceinnovationen von hohem Nutzen sein kann. Um diese Wissensbasis zu professionalisieren kann ergänzend noch eine Innovationsdatenbank in das Service Engineering integriert werden, welche in Kap. 6.2. näher erläutert wird. In Anbetracht der dargestellten Punkte ist klar zu erkennen, dass durch QFD eine intensive Interaktion, ein gemeinsames Verständnis der Dienstleistungsinnovation und eine einheitliche Wissensbasis des Serviceinnovationsteams geschaffen werden kann.

2. Herausforderung: Das Leistungsdesign der Serviceinnovation erfordert ein hohes Abstraktionsvermögen. Zusätzlich ist die Entwicklung eines Prototyps sowie der Test der Leistung sehr komplex. Das Abstraktionsvermögen sollte durch geeignete Methoden unterstützt werden. Zudem sollten alternative Instrumente anstelle des klassischen Prototyps und der bisher üblichen Tests erarbeitet werden.

Quality Function Deployment kann diese Herausforderung nicht bewältigen. Das Abstraktionsvermögen der an der Entwicklung beteiligten Personen wird durch QFD nur geringfügig unterstützt. Dies erfolgt durch die Darstellung innerhalb des „House of Quality". Jedoch betrifft dies nur die kritischen Merkmale, aller anderen Merkmale werden dadurch nicht berücksichtigt. Die Konsequenz daraus ist, dass reines Quality Function Deployment die hier behandelte Herausforderung nicht bewältigen kann. Um das Problem zu lösen, benötigt QFD die Unterstützung anderer Hilfsmittel.

3. Herausforderung: Ein geringer Investitionsbedarfs und eine niedrige Abbruchwahrscheinlichkeit in der frühen Entwicklungsphase ist zu berücksichtigen, indem anfangs mehrere Ideen entwickelt werden. Dies bedarf eines standardisierten Serviceinnovationsmanagements.

Wie in Kap. 6.1. vorgestellt wird, ist Quality Function Deployment im Rahmen eines standardisierten Serviceinnovationsmanagements einfach zu implementieren. Zudem werden durch die in jeder QFD-Phase zu durchlaufenden „HoQ" alle Schritte und Überlegungen, welche jede einzelne Idee evaluieren, genau dargestellt und dokumentiert. Darüber hinaus reduziert der Lerneffekt und die Nutzung der Daten aus der vorhergehenden Überprüfung der anderen Ideen den Aufwand des QFD-Prozesses erheblich (Saatweber 2007, S. 49). Normalerweise benötigt eine erfolgreiche Durchführung von Quality Function Deployment höhere Investitionen in den frühen Projektphasen, als ohne die Anwendung der Planungsmethodik (Saatweber 2007, S. 51). Allerdings ist anzunehmen, dass in dem Fall der konzeptionellen Entwicklung mehrerer Ideen im Rahmen eines Projektes, dies nicht zutrifft. Aufgrund des bereits in die Materie eingearbeiteten Projektteams und des eben beschriebenen, dank QFD verringerten Aufwandes, sollten sich die Investitionen falls überhaupt nur geringfügig erhöhen. Somit wird durch Quality Function Deployment der bzw. die in den frühen Innovationsphasen relativ geringe Investitionsbedarf und Abbruchwahrscheinlichkeit optimal berücksichtigt.

4. Herausforderung: Bei hohem Innovationsgrad der Dienstleistung wird die Kommunikation des Leistungsversprechens erschwert. Dies bedarf einer anschaulichen Kommunikation durch das Marketing.

Der Service-QFD-Prozess berücksichtigt im Allgemeinen keine Marketingmaßnahmen. Dies könnte nur der Fall sein, wenn Servicemarketing als kritisches Merkmal im dritten Qualitätshaus von den Kunden sowie dem Projektteam aufgefasst werden würde. Generell wird durch diese Anforderung auch nicht der eigentliche Dienstleistungsentwicklungsprozess angesprochen, sondern das Marketing als Bestandteil des Serviceinnovationsmanagement.

5. Herausforderung: Der Mangel an rechtlichem und gewerblichem Innovationsschutz erfordert den Aufbau von Marktbarrieren und die verkürzte Gestaltung des „time-to-market"- Prozesses. Es besteht der Bedarf an einer „überzeugenden" Leistung sowie Marketing- und Imagemaßnahmen.

Quality Function Deployment ist eine geeignete Methode den „time-to-market"-Prozess zu verkürzen. Durch QFD werden die vom Frauenhofer Institut FhG-IAO empirisch ermittelten Möglichkeiten zur Reduzierung von Entwicklungszeiten, wie frühes Einbinden der Abteilungen, Projektmanagement, intensive Planung, etc. umgesetzt. Durch Quality Function Deployment werden von Anfang an alle am Innovationsprozess beteiligten Personen in die Planung integriert und die einzelnen Projektphasen laufen simultan ab. Dies sorgt für eine Minimierung der Entwicklungszeit. Allerdings ist der benötigte Zeitaufwand beim ersten Umgang mit QFD noch wesentlich höher. Erst mit ein wenig Übung kann dieser auf die Hälfte der zu Beginn benötigten Zeit reduziert werden. Obwohl in den ersten Phasen des Projektes mehr Zeit benötigt wird, kann trotzdem durch den Verzicht auf Nachbesserungen und Fehlentwicklungen die gesamte Entwicklungszeit erheblich reduziert werden (Saatweber 2007, S. 48 ff.). Wie bereits mehrfach erläutert, ist QFD ein effizientes Instrument Dienstleistungen zu entwickeln, welche exakt auf die Kundenbedürfnisse und -anforderungen zugeschnitten sind (Scholich/Robers 2007, S. 331 f.). Ein auf diese Weise entwickelter Service ist die optimale Voraussetzung um das Kundenvertrauen zu gewinnen. Die Entwicklung und Umsetzung von vertrauenswürdigen und effektiven Marketing- und Imagemaßnahmen können nicht durch Quality Function Deployment beeinflusst werden. Dies ist Ziel eines effizienten Innovationsmanagements. Zusammenfassend lässt sich sagen, QFD hilft den „time-to-market"-Prozess zu verkürzen, da mögliche Änderungen im Vorfeld berücksichtigt werden und das Modell bei der Fokussierung auf die wesentlichen Punkte hilft, so dass Entwicklungszeiten deutlich minimiert werden. Beim Aufbau von Marktbarrieren kann Quality Function Deployment zwar beste Voraussetzungen bieten, um Dienstleistungen, welche das Kundenvertrauen gewinnen können, zu schaffen, jedoch hat QFD keinen Einfluss auf das Marketing oder Image des Unternehmens.

6. Herausforderung: Verwendung von systemkompatibler IuK-Technologie

Im Rahmen des dritten Qualitätshauses von QFD werden die kritischen Merkmale der zur Dienstleistung erforderlichen Prozesse analysiert. Falls kompatible Technologie vom Kunden als kritisch betrachtet wird, wird dieses Merkmal durch Quality Function Deployment weiter analysiert. Ist dies nicht der Fall, so wird Quality Function Deployment nicht speziell auf diesen Punkt eingehen. Aus dieser Betrachtung kann man schließen, dass diese Herausforderung nur teilweise durch Quality Function Deployment bewältigt werden kann.

5.2.2. Möglichkeiten von Quality Function Deployment für das Lösen der Herausforderungen von Serviceinnovationen aufgrund der Kundenbeteiligung

7. Herausforderung: Permanent auftretende, innovative Kundenanforderungen sollen laufend in das Serviceinnovationsmanagement aufgenommen werden.

Bei der Anwendung von Quality Function Deployment sieht der klassische Prozess – wie in Abschnitt 3.4.3. dargestellt – verschiedene Phase vor. Normalerweise werden Kundenanforderungen vor dem ersten Qualitätshaus gesammelt sowie ausgewertet und als Input für das erste „House of Quality" verwendet. Nach dem Durchlaufen dieser Phasen ist es nicht vorgesehen, dass immer wieder neue Kundenanforderungen in das Modell hinzugezogen werden, d.h. QFD kann diese Herausforderung nicht bewältigen.

8. Herausforderung: Die Kundenbeteiligung soll als Bestandteil des Innovationsgedanken durch Integration der Servicemitarbeiter bei der Serviceentwicklung berücksichtigt werden.

QFD erfüllt genau diesen Aspekt. Bei Quality Function Deployment sollen alle Mitarbeiter, welche mit der Dienstleistungsentwicklung zu tun haben, in den Innovationsprozess integriert werden. Gerade Beschäftigte des Unternehmens, die im direkten Kundenkontakt stehen, kennen das Verhalten der Kunden beim Kauf und der Nutzung des Services besonders gut. Somit sind Servicemitarbeiter Experten, wenn es um Informationen über die Kundenbeteiligung geht. Ein Projektmitglied, welches im unmittelbaren Kundenkontakt steht, ist daher bei der Entwicklung eines Service durch QFD unverzichtbar. Außerdem zählt die Informationsbeschaffung, in welcher auch Informationen zur Kundenbeteiligung einfließen sollen, zum Bestandteil des QFD-Prozesses. Quality Function Deployment erlaubt es zusätzlich den Punkt Kundenbeteiligungen im „HoQ" näher zu untersuchen und die erlangten Informationen so auszuwerten. QFD kann Art und Ausmaß von Kundenbeteiligung somit selbst als Bestandteil des Innovationsgedanken analysieren und die daraus resultierenden Informationen in den Innovationsprozess einfließen lassen.

9. Herausforderung: Berücksichtigung der Kunden- und Mitarbeiterbedürfnisse durch „Schulung" des externen und internen Faktors

Durch Quality Function Deployment werden Kundenbedürfnisse mit höchster Priorität berücksichtigt. Die Bedürfnisse der Mitarbeiter werden zwar stellvertretend durch die Projektmitglieder, welche aus verschiedenen Bereichen stammen, in die Innovation eingebracht, jedoch erfolgt dies relativ subjektiv. Auch die Bedeutung, welche den Mitarbeiterbedürfnissen beigemessen wird, ist in keiner Form geregelt, sondern unterliegt dem subjektiven Empfinden der Mitarbeiter. Der Umlernprozess der Kunden wird durch Quality Function Deployment nicht explizit behandelt oder gefördert. Diese Aufgabe fällt nach Erfahrung von Experten mehr in den Bereich des Marketing (S.E. 2009). Jedoch widmet sich das vierte „HoQ" der Mitarbeiterschulung. Akzeptanzprobleme werden durch den reinen QFD-Prozess nur indirekt angegangen. Ein guter Ansatzpunkt um Akzeptanz zu schaffen könnte bereits die interdisziplinäre Zusammenstellung des Projektteams sein. Dadurch fühlt sich kein Unternehmensbereich benachteiligt, da jeder Bereich im Projekt vertreten ist. Auch ist anzunehmen, dass das persönliche Netzwerk der Teammitglieder innerhalb des begrenzten Kollegenkreises für Akzeptanz sorgen kann. Zudem kann durch die Dokumentierbarkeit des Projektverlaufs besser auf Kritikpunkte eingegangen werden. Eine gezielte interne Kommunikation wäre jedoch nach Meinung des Verfassers die beste Möglichkeit, um Akzeptanz im Unternehmen zu schaffen. Allerdings ist die Unternehmenskommunikation nicht im QFD-Prozess vorgesehen, sondern zählt zu den Aufgabengebieten des Innovationsmanagements. Zusammenfassend kann gesagt werden, dass durch Quality Function Deployment Kundenbedürfnisse eindeutig besser berücksichtigt werden können. Die Einbeziehung von Mitarbeiterbedürfnissen in die Serviceinnovation erfolgt nach subjektivem Ermessen des Projektteams, ist also nicht in einem ausreichenden Maße gegeben. Die „Schulung" des externen Faktors erfolgt nicht explizit durch QFD. Allerdings sieht Service-QFD die Konzipierung von Mitarbeiterschulungen vor. Die Vermeidung von Akzeptanzproblemen wird durch Quality Function Deployment nur teilweise ermöglicht.

10. Herausforderung: Innovationspotenzial auf 3 Dimensionen. Bedarf an Integration der „Front"- und „Back-Office"-Mitarbeiter in die Dienstleistungsentwicklung.

Service-QFD berücksichtigt die verschiedenen Dienstleistungsdimensionen. Das zweite Qualitätshaus bestimmt kritische Merkmale einer Leistung, sprich das Ergebnis der Serviceinnovation. Das dritte „HoQ" widmet sich der Prozessdimension und Phase IV fokussiert die Potenzialebene. Zudem bindet Quality Function Deployment Mitarbeiter des „Front"- und „Back-Office" im Rahmen des interdisziplinären Projektteams aktiv in die Serviceentwicklung mit ein. So kann das gesammelte Unternehmens- und Mitarbeiter-„Know-How" durch den gebündelten Sachverstand der Teammitglieder in das Projekt einfließen (Saatweber 2007, S. 307). Um es auf den Punkt zu bringen kann man sagen, dass Quality Function Deployment diese Anforderung vollständig erfüllt.

Anhand von Abb. 14 kann man zusammenfassend erkennen, welche Herausforderungen durch Quality Function Deployment bewältigt, teilweise oder nicht bewältigt werden können. Es wird deutlich, dass durch QFD vier von zehn der Herausforderungen komplett bewältigt werden können. Drei von zehn Schwierigkeiten können teilweise durch die in dieser Untersuchung behandelte Planungsmethodik gelöst werden. Die letzten drei Herausforderungen kann QFD nicht bewältigen.

Service-eigenschaften:	Herausforderungen und Bewältigung durch QFD:	
Intangibilität	Intensive Mitarbeiterinteraktion sowie gemeinsames Verständnis und einheitliche Wissensbasis der Mitarbeiter ist erforderlich	✓
	Leistungsdesign erfordert hohes Abstraktionsvermögen – Komplexität bei der Entwicklung eines Prototypens sowie Test der Leistung	✗
	Berücksichtigung des geringen Investitionsbedarfs und Abbruchwahrscheinlichkeit in der frühen Entwicklungsphase	✓
	Erschwerte Kommunikation des Leistungsversprechens bei hohem Innovationsgrad	✗
	Mangel an rechtlichem und gewerblichem Innovationsschutz – Aufbau von Marktbarrieren – Verkürzte Gestaltung des „time-to-market"-Prozesses	✗✓
	Verwendung systemkompatibler IuK-Technologien	✗✓
Kundenbeteiligung	Aufnahme permanent auftretender innovativer Kundenanforderungen	✗
	Berücksichtigung der Kundenbeteiligung als Bestandteil des Innovationsgedanken – Integration der Servicemitarbeiter bei Dienstleistungsentwicklung	✓
	Berücksichtigung der Kunden- und Mitarbeiterbedürfnisse – „Schulung" des externen und internen Faktors	✗✓
	Innovationspotenzial auf 3 Dimensionen – Integration der „Front"- und „Back-Office"-Mitarbeiter in die Dienstleistungsentwicklung	✓

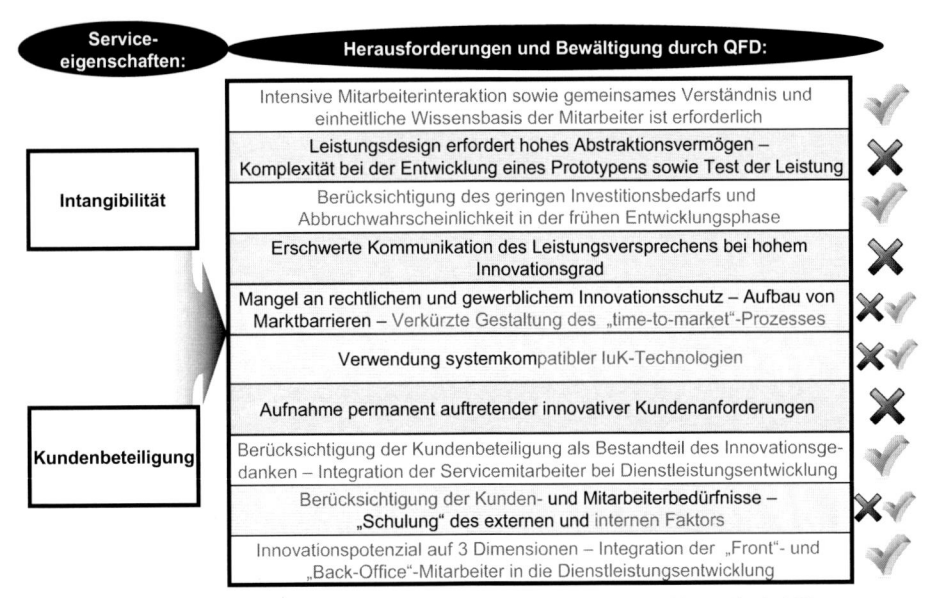

Abb. 14: Herausforderungen von Serviceinnovationen und deren Bewältigung durch QFD
Quelle: Eigene Darstellung

6. Entwicklung eines eigenen Serviceinnovationsmanagementkonzepts

Teil 5 zeigt deutlich die Grenzen von QFD bei der Anwendung im Dienstleistungsbereich auf. Deswegen wird versucht ein neues Modell zu entwickeln, welches in den Serviceinnovationsprozess nur Teile von Quality Function Deployment integriert (Kap. 6.1.). Um dieses Modell zu ergänzen wird anschließend ein umfassendes Dienstleistungsinnovationsmanagement dargestellt (Kap. 6.2.).

6.1. Implementierung von Quality Function Deployment in den Dienstleistungsinnovationsprozesses

Wie bereits in Kap. 3.1. dargestellt wurde Quality Function Deployment ursprünglich für die Entwicklung von Produkten kreiert. Dienstleistungen weisen im Vergleich zu Produkten eine Vielzahl von Besonderheiten und Herausforderungen auf, wie in Teil 4 dieses Buches erläutert wurde. Der QFD-Prozess wurde – wie in Kap. 3.4.3. gezeigt – für Dienstleistungen angepasst. Wie durch Teil 5 deutlich wird, können trotz dieser Modifikation viele Herausforderungen von Serviceinnovationen durch QFD gar nicht oder nur teilweise bewältigt werden. Auch die exemplarisch vorgestellten Dienstleistungsinnovationsmodelle, welche in Kap. 2.4. erläutert werden, können diese Schwierigkeiten nicht vollständig lösen. Um die Eigenheiten und Schwierigkeiten von Dienstleistungsinnovationen ganzheitlich zu erfassen, bedarf es einem speziellen Modell, welches alle Besonderheiten von Serviceinnovationen berücksichtigt. Quality Function Deployment kann im Rahmen des Dienstleistungsinnovationsprozesses ein geeignetes Instrument für eine der schwierigsten Phasen, der Generierung einer erfolgversprechenden Serviceidee, sein. Abb. 15 zeigt, wie nach Meinung des Verfassers, ein optimaler Serviceinnovationsprozess mit implementierten QFD aussehen kann.

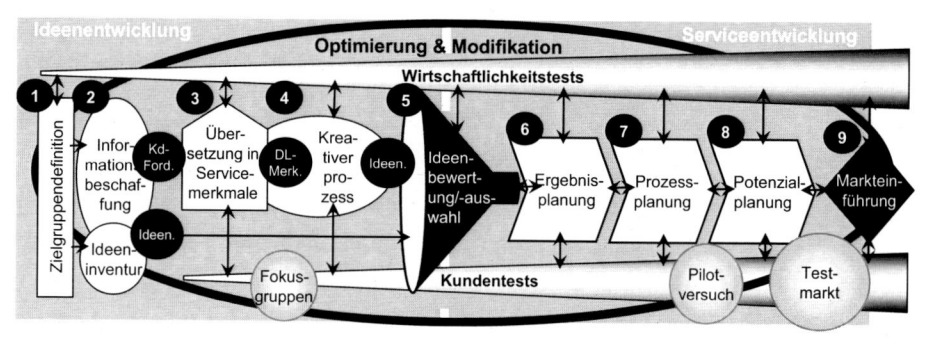

Abb. 15: Selbst entwickelter Dienstleistungsinnovationsprozess
Quelle: Eigene Darstellung

Der Prozess ist in zwei Teile untergliedert, der Ideen- und der Serviceentwicklung. Insgesamt besteht das Modell aus neun verschiedenen Phasen um von der Zielgruppendefiniton zur Markteinführung zu gelangen. In dem gesamten Prozess wird nur Phase 3 aus dem Service-QFD-Prozess übernommen. Nach Meinung des Verfassers kann durch das erste „House of Quality" der höchste Mehrwert durch Quality Function Deployment für das Modell erzielt werden. Für die weiteren Prozessschritte sind andere Methoden geeigneter und tragen den Herausforderungen von Serviceinnovationen effektiver Rechenschaft. Ca. 60 % der QFD-Projekte enden derzeit nach dem ersten Qualitätshaus (Saatweber 2007, S. 231). Auch Saatweber gibt zu bedenken, dass sich das Projektteam nicht durch alle QFD-Phasen „quälen" muss, sondern intuitiv entscheiden sollte, wie das weitere Vorgehen am Besten gestaltet werden kann (2007, S. 231). Die einzelnen Prozessschritte werden durch stetige Tests aus wirtschaftlicher und Kundensicht begleitet. Dadurch erfolgt eine ständige Überprüfung, Anpassung und Optimierung des jeweiligen Status Quo der Innovation. Auch kann die Entwicklung der Serviceinnovation zu jedem Zeitpunkt abgebrochen werden, wenn sie nicht mehr als erfolgversprechend angesehen wird.

Aufgrund der hohen Individualität von Services ist nach Meinung von Experten Flexibilität im Dienstleistungsinnovationsprozess von enormer Wichtigkeit (S.E. 2009; S.S. 2009). „Häufig ist es dann so, dass Sie nicht hundertprozentig testen können, nicht hundertprozentig Systeme entwickeln können, sondern Sie müssen einfach am Markt etwas liefern und Sie operieren dann auch am offenen Herzen weiter" (S.E. 2009). Genau deswegen ist der gesamte Prozess sehr flexibel und interaktiv gestaltet. Die einzelnen Schritte müssen nicht streng der Reihenfolge nach abgearbeitet werden. Sie können auch überlappen, parallel zueinander verlaufen, u.U. auch verschoben werden. Auch ein Baukastenmodell, wie der Ansatz von Bob King es vorsieht und wie er von Experten gewünscht ist, ist für dieses Modell denkbar (S.S. 2009). Theoretisch kann der Anwender in jeder Phase dieses Prozesses einsteigen, wenn die zur Bearbeitung dieses Teilschrittes erforderlichen Informationen aus anderen Quellen vorliegen.

Anhand eines Beispieles soll der Prozess verdeutlicht werden. Dabei handelt es sich um den Baumarkt Licht, welcher seine Wettbewerbsposition durch eine Serviceinnovation stärken möchte. Es wird von optimalen Bedingungen für die Durchführung des Innovationsprozess ausgegangen, d.h. es gibt ein interdisziplinäres Projektteam von sechs Leuten, welches in einem Büro ausschließlich für das Projekt zuständig ist und ausreichend vorhandenen Ressourcen besitzt.

6.1.1. Zielgruppendefinition als erste Serviceinnovationsprozessphase

Der Teil des Modells beschäftigt sich mit der Ideenentwicklung. „Ideen sind der Rohstoff für Innovationen" (Tilebein 2007, S. 123). Nach einer Studie von Arthur D. Little hat das „Ideenmanagement" einen signifikanten Einfluss auf den Innovationserfolg (2004). Die Entwicklung einer innovativen und erfolgreichen Serviceidee ist die essentielle Voraussetzung um eine erfolgreiche Serviceinnovation zu konzipieren.

Schon Henry Ford I war der Ansicht: „Um Erfolg zu haben, musst Du den Standpunkt des anderen einnehmen und die Dinge mit seinen Augen betrachten" (Saatweber 2007, S. 125). Aus diesem Grund ist es wichtig zu wissen, wer der Kunde ist und für wen der neue Service entwickelt wird. Das ist „Ausgangspunkt der gesamten Überlegungen" (A.K. 2009). Dabei ist es extrem wichtig, „dass man auch wirklich die richtigen Kunden erwischt. Wenn da am Anfang ein Fehler gemacht wird, dann kann das hinten natürlich extrem knallen" (J.S. 2009). Besonders aufgrund der des Öfteren aufgezeigten, hohen Individualität von Dienstleistungen ist die Definition einer Zielgruppe wichtig (Gogoll 2000, S. 367; Killen/Walker/Hunt 2005, S. 21). Im Baumarkt Licht wird die Zielgruppe nach der strategischen Ausrichtung des Unternehmens und Trendforschungsergebnissen gewählt. Dabei gelangt man zu dem Ergebnis, dass die Zielgruppe Männer wie Frauen mittleren Alters mit niedrigem bis mittlerem Einkommen sind, die Spaß an handwerklicher Tätigkeit haben. Zudem sind im B2B-Bereich (Business-to-Business-Bereich) neben den direkten Kunden auch die indirekten Kunden mit dem Dienstleistungsergebnis konfrontiert, d.h. dass bei der Bestimmung der Zielgruppe ggf. auch die „Kunden der Kunden" miteinbezogen werden müssen (Gogoll 2000, S. 368).

6.1.2. Informationsbeschaffung als zweite Serviceinnovationsprozessphase

Wenn die Zielgruppe feststeht beginnt in Phase 2 die Informationssuche. Dabei wird untersucht, welche Bedürfnisse, Wünsche und Erwartungen die Zielgruppe hat und wie wichtig ihr diese sind (Saatweber 2007, S. 63). Darüber hinaus werden konkrete Innovationsideen gesammelt. Wichtig in dieser Phase ist, auch nach Expertenmeinung, so viele Informationen wie möglich zu generieren (S.E. 2009; A.K. 2009).

Die erforderliche Kreativität zur Auffindung relevanter Informationen für die Auslösung eines Innovationsprozesses stellt für Serviceanbieter eine besondere Schwierigkeit dar (S.E. 2009, Meffert/Bruhn 2009, S. 389). Um diese Aufgabe zu lösen kann von externen und internen Informationsquellen Gebrauch gemacht werden (Kelly/Storey 2000, S. 46 ff.). Zu den *externen Quellen* können frei verfügbares Wissen, Marktanalysen im In- und Ausland, Erkenntnisse aus der Wissenschaft und Forschung sowie Informationen von Wettbewerbern, Lieferanten, Kooperationspartnern und Kunden gezählt werden (S.S. 2009; Tilebein 2007, S. 115 f.). Eine wichtige externe Ideenquelle ist das „Benchmarking", bei dem die eigenen Dienstleistungen und deren Erstellungsprozess mit denen von den besten Konkurrenten am Markt verglichen werden (Bruhn 2008, S. 296 ff.). Jedoch ist diese Methode nur für weitgehend standardisierte Services einsetzbar (S.S. 2009; Wahren 2004, S. 103). Zudem ist die gemeinsame Entwicklung neuer Leistungen in Kooperation mit Partnern von wachsender Bedeutung (Meffert/Bruhn 2009, S. 338). Bei manchen Unternehmen wird beispielsweise im Dienstleistungsbereich fast ausschließlich mit Partnern kooperiert, „damit man einen Experten an seine Seite holt und von außen auch Input bekommt" (S.S. 2009). Die wichtigste externe Innovationsquelle ist der Kunde selbst (Tilebein 2007, S. 117). Vom hohen Innovationspotenzial des Kunden waren auch alle befragten Experten überzeugt (L.A. 2009; M.D. 2009; S.E. 2009; A.K. 2009; S.S. 2009; J.S. 2009; E.W. 2009). Dieses Potenzial kann durch Kundenbeobachtungen, -befragungen, Auswertung von Kundenreklamationen aus dem Beschwerdemanagement, Kundenforen und –clubs, Workshops mit „Customer Focus Groups" oder dem „Lead-User-Ansatz" ausgeschöpft werden (Tilebein 2009, S. 118 f.; E.W. 2009).

Als *interne Ideenquellen* kommen gezielte Analyse- und Planungsvorgänge, die spontan, in Kommunikationssituationen oder im Rahmen einer systematischen Ideengenerierung erzeugt werden, infrage. Beispielsweise entwickelte IBM den sog. „Innovation Jam", bei welchem Mitarbeiter weltweit vernetzt werden, um in moderierten Foren während gemeinsamen Diskussionen innovative Ideen zu entwickeln. Eine solche kreative „Jamsession" wurde z.B. auch bei Daimler Chrysler durchgeführt. Knapp 10.000 Entwickler des Konzerns trafen sich im Netz um mit ihren Ideen zu improvisieren, sich gegenseitig zu stimulieren und neue Gedanken auf den Weg zu bringen. Rund 3.000 Ideen wurden in dem dreitägigen „Innovation Jam" gesammelt. Auch IBM selbst führt regelmäßig „Jamsessions" durch. 2008 beteiligten sich z.B. weltweit mehr als 150.000 Mitarbeiter, Kunden und Wissenschaftler (M.D. 2009; Fink/Hartmann 2009, S. 93 ff.).

Neben der Beschaffung neuer Informationen können auf die Zielgruppe passende Ideen, welche sich bereits im Innovationspool oder in der Innovationsdatenbank befinden, verwendet werden. Der Innovationspool sowie die Innovationsdatenbank werden in Kap. 6.2. näher erläutert. Der in unserem Beispiel genannte Baumarkt Licht hat durch Befragungen der Zielgruppe in Interviews mit Servicemitarbeitern nach verschiedenen Ideen gesucht. Es konnten vereinzelte Ideen für Serviceinnovationen gesammelt werden. Darüber hinaus konnte eine Vielzahl an Kundenanforderungen, -bedürfnissen und -wünschen ermittelt werden. Zudem wies der Innovationspool viele geeignete Vorschläge für Dienstleistungsneuheiten auf.

6.1.3. Übersetzung in Dienstleistungsmerkmale als dritte Serviceinnovationsprozessphase

Es ist – wie bereits mehrfach in diesem Buch erläutert – für eine erfolgreiche Dienstleistungsneuheit von essentieller Bedeutung Innovationsideen, die den Kundenanforderungen entsprechen, zu generieren und Begeisterungsfaktoren zu erzielen. Allerdings ist dies besonders komplex, wie bereits in Abschnitt 4.2.1. erwähnt. Um dies trotzdem zu erreichen ist die Verwendung des Qualitätshauses nach QFD ein geeignetes Werkzeug. Phase 3 lässt sich in zwei Teile gliedern. Zunächst werden bei diesem Prozessschritt, die in Phase 2 generierten Kundenanforderungen segmentiert und Kundenkommentare strukturiert (Saatweber 2007, S. 72). Anschließend erfolgt der Durchlauf des Qualitätshauses, dies entspricht dem ersten „House of Quality" des QFD-Ansatzes nach ASI oder dem „Service-QFD-Modells", welches in Abschnitt 3.4.3. erläutert wurde.

Strukturierung der Kundenforderungen

Kunden äußern ihre Wünsche und Anforderungen meistens nur sehr allgemein oder unklar. Das Unternehmen SONY befragte beispielsweise Jugendliche zu der nächsten Generation des Walkmans und erhielt Antworten, wie „geil" oder „schön". Aus diesem Grund ist zuerst die Sprache des Kunden zu „übersetzen" und zu strukturieren. Diese Strukturierung der Kundenstimmen erfolgt nach segmentierten Kundengruppen, da diese unterschiedliche Bedürfnisse haben und somit auch verschiedener Lösungsansätze bedürfen. Um die Kundensprache zu übersetzen sollten zuerst Ausdrücke der Kunden in einfache Ausdrücke, mit einfacher Bedeutung umformuliert werden. Anschließend werden die umformulierten Ausdrücke „geclustert" und, um eine Struktur zu schaffen, mit einer Überschrift versehen. Als nächster Schritt werden primäre Details festgehalten, um untergeordnete Gruppen von sekundären und tertiären Anforderungen erweitert. Dies kann z.B. durch Baumdiagramme geschehen (Saatweber 2007, S. 167 f., S. 170). Nach diesem Schema können Kundenforderungen strukturiert werden, um als Eingangsinformation in das „HoQ" einzugehen. Jedoch sollte dabei beachtet werden, dass die Zahl der Forderungen auf 20 bis max. 40 eingegrenzt werden sollte, um sinnvoll mit QFD arbeiten zu können (Gogoll 2000, S. 369).

Baumarkt Licht kann im Rahmen der Kundenbefragung neben den statistischen Ergebnissen besonderen Nutzen aus den Kundenkommentaren ziehen. Die dadurch erhaltenen Kundenanforderungen werden „übersetzt" und, wie Abb. 16 zeigt, durch ein Baumdiagramm nach dem eben geschilderten Schema strukturiert. Die wichtigsten tertiären Anforderungen finden, mit vom Kunden festgelegten Bedeutungswerten, als „WAS-Faktoren" auf der vertikalen Achse Eingang in das erste „HoQ". Zudem wird untersucht, WIE diese Forderungen im Unternehmen zu beschreiben sind. Die Ergebnisse gehen als „WIE-Merkmale" horizontal in das „House of Quality" ein (Saatweber 2007, S. 177 ff.).

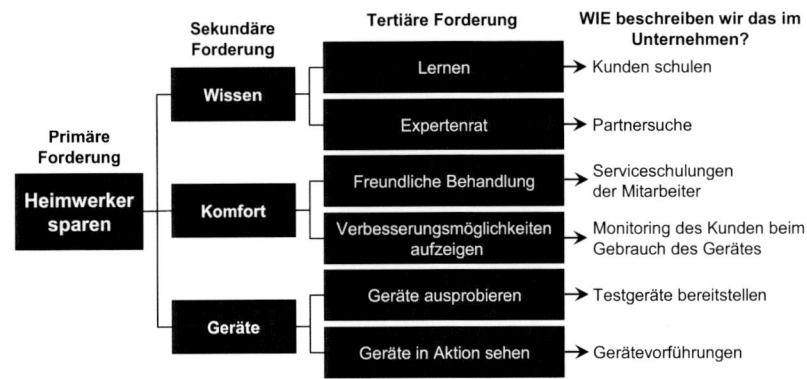

```
                Sekundäre      Tertiäre Forderung    WIE beschreiben wir das im
                Forderung                            Unternehmen?
                              ┌─ Lernen         →  Kunden schulen
                ┌─ Wissen ────┤
Primäre         │             └─ Expertenrat    →  Partnersuche
Forderung       │
┌──────────┐    │             ┌─ Freundliche Behandlung  →  Serviceschulungen
│Heimwerker├────┼─ Komfort ───┤                              der Mitarbeiter
│ sparen   │    │             └─ Verbesserungsmöglichkeiten →  Monitoring des Kunden beim
└──────────┘    │                aufzeigen                      Gebrauch des Gerätes
                │             ┌─ Geräte ausprobieren     →  Testgeräte bereitstellen
                └─ Geräte ────┤
                              └─ Geräte in Aktion sehen  →  Gerätevorführungen
```

Abb. 16: Baumdiagramm als Vorbereitung für das erste „House of Quality"
Quelle: Eigene Darstellung

„House of Quality"

Das „HoQ" kann in zehn Schritten durchlaufen werden. In Abb. 17 werden diese Schritte anhand des Beispieles des Baumarkts Lichts dargestellt. Im *ersten Schritt* bilden die in Phase 3 ermittelten „WAS-Anforderungen", wie z.b. „Handwerkliches Lernen", „Expertenrat" usw., mit ihren Bedeutungswerten den Eingang in das QFD-Haus. Anschließend sind aus subjektiver Kundensicht Stärken und Schwächen der potenziellen Dienstleistungen mit gleichen oder ähnlichen Services der Wettbewerber zu vergleichen (*Schritt 2*) (Saatweber 2007, S. 189 f.). Hierbei ist „Benchmarking" sinnvoll (S.S. 2009; J.S. 2009). Bei dem in diesem Buch dargestellten Beispiel wird die „Freundliche Behandlung" im Unternehmen vom Kunden schlechter bewertet als bei dem am Markt führenden Wettbewerber. Darauf folgend können zusätzliche Informationen aus dem Service oder Verkauf eingetragen werden (*Schritt 3*) (Saatweber 2007, S. 189 ff.). Im „HoQ" des Baumarktes Licht markiert z.B. „Hinweis A" die „WAS-Merkmale", welche als Hauptverkaufsargumente verwendet werden sollen. Der vierte Schritt ist dreigeteilt. Zuerst werden die in Phase 3 ermittelten „WIE-Merkmale", z.B. „Kunden schulen", horizontal in das „HoQ" eingetragen (*Schritt 4a*). Anschließend sind qualitative Zielwerte für diese „WIE-Merkmale" (*Schritt 4b*) und ihre Veränderungsrichtung zu bestimmen (*Schritt 4c*) (Saatweber 2007, S. 190 f.). Im Beispiel ist für das Merkmal „Experten beauftragen" als Qualitätszielwert ein „Meistertitel im Handwerk" festgelegt. Da sich die „Serviceschulungen der Mitarbeiter" erhöhen sollen ist die Veränderungsrichtung durch einen Pfeil nach oben gekennzeichnet. Es folgt die Analyse der Beziehungsstärke von den „WIE-" zu den „WAS-Merkmalen". Es wird überprüft, wie stark jedes einzelne „WIE-Merkmal" die Kundenanforderungen unterstützt. Dabei wird jeweils zwischen drei verschiedenen Unterstützungsgraden stark, mittel und schwach, welche durch Symbole gekennzeichnet und denen verschiedene Zahlenwerte zugeordnet sind, unterschieden (*Schritt 5a*) (Saatweber 2007, S. 190 f.). Beispielsweise wird die Kundenanforderung „Expertenrat" stark durch das „WIE-Merkmal" „Kunden schulen" unterstützt. Anschließend werden diese Zahlenwerte mit den Bedeutungswerten der Kundenanforderungen multipliziert und die Werte der einzelnen Spalten summiert. Zudem erfolgt neben der Ermittlung der absoluten Werte von jeder Spalte die Berechnung der relativen Bedeutung in Prozent (*Schritt 5b*) (Saatweber 2007, S. 190 f.). Wenn man z.B. Spalte 6 betrachtet, findet man in der ersten Zeile eine mittlere Korrelation vor, diese entspricht einem Zahlenwert von 3. Dieser Wert wird mit dem Bedeutungswert 10 multipliziert. Wir erhalten als Ergebnis 30. In den folgenden Feldern dieser Spalte geht man analog vor. Wenn man alle Ergebnisse der Spalte summiert, erhält man als absoluten Spaltenwert 92. In Relation zu den anderen Spaltenergebnissen entspricht dies einem relativen Wert von 10 %. Im *sechsten Schritt* des „House of Quality" werden positive und negative Korrelationen der „WIE-Merkmale" im Dach des Hauses überprüft. Danach wird versucht die eigenen Dienstleistungen aus Qualitätsgesichtspunkten objektiv mit denen der Konkurrenz zu vergleichen und zu bewerten (*Schritt 7a*). Anschließend wird diese objektive Analyse mit dem subjektiven Wettbewerbsvergleich aus Kundensicht, welcher in Schritt 2 festgestellt wurde, abgeglichen und Abweichungen überprüft (*Schritt 7b*). Als weitere Aufgabe sind die Schwierigkeitsgrade der Umsetzung, also der Erfüllung der Merkmale mit ihren Zielwerten, festzulegen (*Schritt 8*). In *Schritt 9* werden allgemeine Hinweise in das QFD-Haus eingetragen. Im letzten Schritt werden die Merkmale, welche die Dienstleistungsinnovation maßgeblich prägen sollen, noch einmal analysiert und ausgewählt (Saatweber 2007, S. 190 ff.). Es sollen ein bis drei Dienstleistungsmerkmale mit ausgeprägter hoher Gesamtbedeutung ausgewählt werden (*Schritt 10*). In dem begleitenden Beispiel geht das Merkmal „Kunden schulen" und „Monitoring der Kunden beim Gebrauch der Geräte" in Phase 4 ein, da sie die höchsten Spaltenwerte erreicht haben, im Konkurrenzvergleich hohe Chancen, eine hohe Korrelation zu den wichtigsten Kundenforderungen und anderen Kriterien im Dach aufweisen. Zudem sind sie bezüglich ihres Schwierigkeitsgrades beherrschbar und notwendige Investitionen sind rentabel (Saatweber 2007, S. 227).

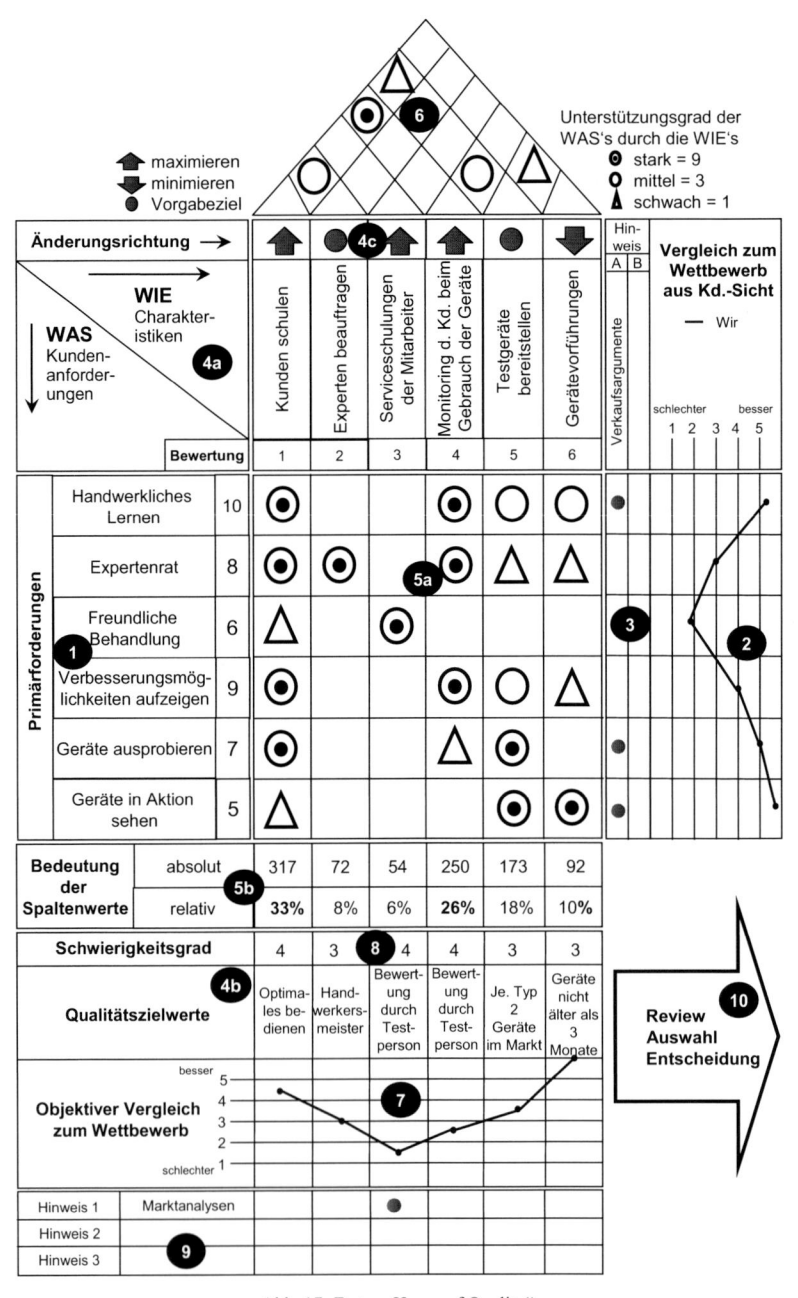

Abb. 17: Erstes „House of Quality"
Quelle: eigene Darstellung

Wie bereits in diesem Abschnitt erwähnt, ist die Schaffung von Begeisterungsfaktoren eines der größten Ziele einer Innovation. Um diese beim Kunden zu erzielen werden die Dienstleistungsmerkmale, welchen die höchste Gesamtbedeutung beigemessen wird, in der nächsten Phase weiter analysiert. Aufgrund der im ersten „HoQ" ermittelten hohen Bedeutung der Servicemerkmale ist darauf zu schließen, dass die bei diesen Merkmalen erreichte Begeisterung beim Kunden im Vergleich zu den niedriger bewerteten Servicemerkmalen beim Kunden noch stärkere positive Wirkung zeigt. Aus diesem Grund erfolgt in Phase 4 eine kreative Betrachtung dieser Merkmale um mögliches Potenzial für Begeisterungseigenschaften auszunutzen.

6.1.4. Kreativer Prozess als vierte Serviceinnovationsprozessphase

Die kreative Phase dieses Modells überschneidet sich mit der vorhergehenden Phase. Während Phase 3 musste das Projektteam bereits kreative Lösungen in Form der „WIE-Merkmale" für die „WAS-Anforderungen" finden, z.B. stellt „Monitoring des Kunden beim Gebrauch des Geräts" den Lösungsvorschlag für „Verbesserungsmöglichkeiten aufzeigen" dar. Nun müssen anhand der in Phase 3 ermittelten kritischen Merkmale „Kunden schulen" und „Monitoring der Kunden beim Gebrauch der Geräte" weitere kreative Überlegungen stattfinden. Es ist zu erkennen, dass durch die kritischen Merkmale eine klare gedankliche Richtung vorgegeben wird, was das kreative Denken erheblich unterstützt. Auch die grundsätzliche Überlegung, ob bestehende Konzepte verbessert oder neue Wege eingeschlagen werden sollen, ist zu berücksichtigen (Hammer 1990, S. 104 ff.; Hammer/Champy 1996, S. 47 ff.; Imai 1994, S. 47 ff.).

Die aktive Ideengenerierung lässt sich methodisch durch das Verwenden verschiedener Kreativitätstechniken unterstützen. Exemplarisch werden in diesem Buch zwei der elementarsten Methoden, „Brainstorming" und „Brainwriting", erläutert (Frey et al. 2005, S. 117 ff.; McAdam/McClelland 2002, S. 89 f.). *„Brainstorming"*, wie es auch von Experten verwendet wird, gehört zu den bekanntesten und am weitesten verbreiteten Instrumenten der kreativen Ideengenerierung (L.A. 2009; S.S. 2009; Tilebein 2007, S. 122). Ziel der in einer Gruppe durchzuführenden Technik ist es in kurzer Zeit möglichst viele Ideen und Lösungsansätze zu einem vorgegebenen Problem zu entwickeln. Während der moderierten Sitzung können durch Teilnehmerbeiträge und die darauf aufbauende Gruppeninteraktion kreative Ideen generiert werden. Bei einer „Brainstorming"-Sitzung ist es allerdings wichtig, dass die Einfälle nicht kritisiert werden dürfen. Zudem sind die Ideen schriftlich festzuhalten (Hauschildt/Salomo 2007, S. 441 ff.; Osborn 1966, S. 151 ff.). *„Brainwriting"* ist auch als Methode 635 bekannt und stellt eine Weiterentwicklung des „Brainstormings" da. Im Gegensatz zu „Brainstorming" erfolgt „Brainwriting" schriftlich und ist zielorientierter. In einem vorgegebenen zeitlich getakteten Prozess schreiben sechs Teilnehmer drei Ideen auf ein Kärtchen. Die Kärtchen werden in der Gruppe rotierend an einen der weiteren fünf Teilnehmer gereicht, welcher die bereits notierte Idee vertieft, kommentiert oder weiterentwickelt, usw. (Hauschildt/Salomo 2007, S. 444 ff.; Rohrbach 1969, S. 73 ff.).

Im Rahmen des kreativen Prozesses wurden die in Phase 3 ermittelten kritischen Merkmale als gedankliches Gerüst verwendet um unter Zuhilfenahme von Kreativitätstechniken auf den Kunden abgestimmte Ideen für eine Serviceinnovation zu entwickeln. Im begleitenden Beispiel wird aufbauend auf den kritischen Merkmalen „Kunden schulen" und „Monitoring der Kunden beim Gebrauch der Geräte" während einer „Brainstorming"-Sitzung die Idee geboren, eine Schulung für Kunden zu veranstalten. In dieser Schulung soll der Umgang und richtige Gebrauch mit bestimmten Werkzeugen erklärt werden. Zudem sollen die Teilnehmer des Kurses die Geräte selbst ausprobieren dürfen und konstruktives Feedback ihrer Anwendung erhalten.

6.1.5. Ideenbewertung & -auswahl als fünfte Serviceinnovationsprozessphase

Die richtige Auswahl an Ideen ist essenziell, um diese in erfolgreiche Serviceinnovationen zu überführen. Nach einer Untersuchung von Innovationsprozessen in mittelständischen Unternehmen sind von fast 2.000 Ideen elf zu am Markt erfolgreichen Produkten geworden (Demmer 2005, S. 15). Dies lässt auf die Notwendigkeit für das Unternehmen schließen Ideen „richtig" zu bewerten und auszuwählen, um seine Ressourcen effektiv einzusetzen (Darkow 2007, S. 129). Um diese Aufgabe optimal zu bewältigen gibt es unterschiedliche Bewertungsmethoden, um Ideen auszuwählen. Eine sehr geeignete Methode ist ein IT-gestütztes Werkzeug der EBS, der sog. „Innovation Check". Jede Idee wird durch fünf Module von dem interdisziplinären Projektteam unabhängig voneinander bewertet. Nach dem Zusammenführen der einzelnen Bewertungen einer Idee werden die Ergebnisse der verschiedenen Serviceideen untereinander verglichen. Die vielversprechendsten Ideen werden bei zur Verfügung stehenden Ressourcen weiterverfolgt.

Das erste Modul ist *Innovativität*, d.h. die Idee muss das Potenzial für einen neuen Service, welcher für den Markt attraktiv erscheinen, vorweisen. Es folgt das *Alleinstellungsmerkmal*. Darunter versteht man, dass sich jede Idee vom Wettbewerb oder den eigenen, bereits existierenden Services abhebt. Das dritte Modul stellt die *externe Attraktivität* dar: Die Dienstleistungsinnovation muss den Kundenbedürfnissen entsprechen. Danach folgt die *interne Attraktivität*, d.h. jede Idee muss auch von der Organisation umgesetzt werden und sollte das bisherige Servicesortiment unterstützen. Das letzte Modul ist die *Wettbewerbsfähigkeit*. Diese erfordert, dass die potenzielle Dienstleistung wirtschaftliches Potenzial vorweisen muss (Darkow 2007, S. 133 ff.). Die hohe Relevanz der verschiedenen Module wird auch durch die befragten Experten gestützt (S.E. 2009; A.K. 2009; S.S. 2009). Durch den „Innovation Check" können, strukturiert nach den wichtigsten Erfolgsfaktoren, die Ideen mit höchster Priorität ermittelt und weiterverfolgt werden. Im Baumarkt Licht wird die Idee der praxisnahen Werkzeugschulung als am erfolgversprechendsten bewertet. Somit wird diese, neben zwei weiteren im zweiten Teil des Modells der Serviceentwicklung konzeptioniert.

6.1.6. Ergebnisplanung als sechste Serviceinnovationsprozessphase

Der zweite Teil des Prozesses, die Serviceentwicklung, befasst sich mit der Umsetzung von einer Idee zur fertigen Dienstleistung. Die verschiedenen Phasen der Serviceentwicklung orientieren sich an den Phasen II bis IV des in Abschnitt 3.4.3. beschriebenen „Service-QFDs". Sie unterscheiden sich in der Ausführung insofern, dass sie keine Qualitätshäuser verwenden. Die erste Phase des zweiten Prozessteils widmet sich der Planung des Serviceergebnisses, d.h., wie in Abschnitt 2.1.1. definiert, dem unmittelbaren Resultat des Prozesses bzw. einer Zustandsveränderung nach abgeschlossener Kombination des internen und externen Faktors. In dem beschriebenen Beispiel versteht man darunter die präzise Planung von Wissen und Können, welche innerhalb der Schulung den Kursteilnehmern vermittelt werden. Es erfolgt eine Veränderung vom anfänglichen Zustand der Teilnehmer ohne handwerkliches „Know-How" zu einem Zustand nach Beendigung des Kurses mit handwerklichem Wissen und Können. Interne Faktoren sind dabei der Schulungsleiter, die Übungsgeräte und die sonstige Ausstattung. Externe Faktoren sind die Kursteilnehmer. Zur Planung des Ergebnisses zählt die Bestimmung, welche Inhalte dem Teilnehmer in der Schulung vermittelt werden sollen. Soll der Schüler ein breites Wissen vermittelt bekommen oder ist es besser wenige Inhalte sehr intensiv zu behandeln? Auch stellt sich die Frage wie man bei dem Dienstleistungsergebnis Begeisterungsfaktoren erzielen kann. Die Einbeziehung der Bedürfnisse der Zielgruppe durch z.B. „Customer Focus Groups" spielt bei diesen Fragen und Entscheidungen eine wichtige Rolle. Moderierte Gruppendiskussionen und „Brainstorming" mit ausgewählten Personen der Zielgruppe helfen diese Fragen zu beantworten (Hünerberg/Mann 2004, S. 259).

Im Beispiel des Baumarktes Licht haben Gruppendiskussionen mit „Customer Focus Groups" ergeben, dass die Kursteilnehmer die Ausgabe von Schulungsunterlagen erwarten und dies als Basisfaktor betrachten. Begeisterung würde es bei ihnen auslösen die Handynummer des Trainers für jegliche Rückfragen zu erhalten.

6.1.7. Prozessplanung als siebte Serviceinnovationsprozessphase

Nachdem das Ergebnis des Services feststeht wird der Fokus auf den Dienstleistungsprozess gerichtet. Hierbei sind das komplette Schulungsprogramm und der Übungsteil zu entwerfen. Bei der Planung des Prozesses sollte auch auf die Einwirkungsmöglichkeiten des Kunden geachtet werden. In dem begleitenden Beispiel wären dies insbesondere die Anwendung der Geräte und das Eingehen auf Zwischenfragen. Darüber hinaus sollte auch die Zeit der Schulung und der Aufteilung des Kurses den Kundenbedürfnissen entsprechend eingeteilt werden.

Die Planung des kompletten Prozesses, in diesem Fall der Schulung, ist meist sehr komplex. Um hierbei alle relevanten Aspekte mit in die Planung einzubeziehen, könnten „Service Blueprints" hilfreich sein (Bruhn 2008, S. 167). Solche grafischen Dienstleistungsentwürfe können durch Informationen weiterer Analyseverfahren, wie Arbeitsablaufpläne, Netzplantechnik und Entscheidungsanalysen ergänzt werden. Ein „Service Blueprint" kann fast wie ein Prototyp fungieren, da in ihm der Ablauf der Vorgänge während der Bereitstellung eines neuen Service, die notwendigen Potenzialfaktoren für den Dienstleistungserstellungsprozess und die Gestaltung des zeitlichen Rahmens Serviceerstellung festgelegt wird. Eine solche Planungsmethode ist aufgrund der frühen Konkretisierung und Visualisierung der Dienstleistungsidee von Vorteil. Außerdem können personelle und materielle Einsatzfaktoren dispositioniert werden (Meffert/Bruhn 2009, S. 262). Die Planung von benötigten Prozessen innerhalb einer evtl. Kooperation mit einem Partner kann auch an dieser Stelle des Prozesses erfolgen. Zudem werden die bereits erwähnten „Augenblicke der Wahrheit" sichtbar und Einsparpotenziale von Ressourcen können erkannt werden. In Kombination mit problemorientierten Messverfahren, wie beispielsweise der Fehlermöglichkeits- und Einflussanalyse (FMEA) oder „Pokayoke", können „Service Blueprints" ggf. sogar bereits in der Planung auftretende Fehlerquellen identifizieren (Meffert/Bruhn 2009, S. 262). Durch die FMEA können mögliche Risiken, Probleme und Fehler der Dienstleistung systematisch und umfassend erfasst und dargestellt werden (Bruhn 2008, S. 192 ff.; Sondermann 1994, S. 247). „Poka-yoke" dient zur weitgehenden Fehlerprävention mit dem Ziel des Null-Fehler-Prinzips (Bruhn 2008, S. 209 ff.; Bühner 1993, S. 37; Flood 1993, S. 28 ff.; Shingo 1995).

Neben den „Service Blueprints" können auch noch weitere Methoden dazu beitragen sich eine bildhafte Darstellung der Dienstleistungsinnovation zu verschaffen. Spielszenen, Attrappen, Hörspiele, Videos, aber auch die ganze Bandbreite der modernen Technik wie z.B. Computersimulationen können genutzt werden um neue Services und ihre verschiedenen Dimensionen zu veranschaulichen (Gogoll 2000, S. 368).

6.1.8. Potenzialplanung als achte Serviceinnovationsprozessphase

Bereits im Dienstleistungsprozess wurden die benötigten Potenzialfaktoren definiert. Normalerweise zählen dazu der Erbringungsort der Leistung, die Ausstattung, welche zu dieser Erbringung nötig ist und der Mitarbeiter. Im Beispielsfall stellen dies der Schulungsort, die Werkzeuge zum Ausprobieren, Material an dem die Geräte ausprobiert werden können, Schutzkleidung, Schulungsunterlagen, Büromaterial und der Trainingsleiter dar. Anhand von Kundenbedürfnissen und Kostenaspekten soll der Erbringungsort bestimmt und/oder ausgestaltet werden. Auch über Aspekte wie Temperatur, Licht, Geruch, Farbgebung, etc. sollte sich das Projektteam nach Möglichkeit Gedanken machen. Ebenso sollte die Ausstattung Kostenprämissen unterliegen.

Die wichtigste Potenzialdimension von Serviceinnovationen sind – wie Teil 4 dieses Buches zeigt – die Mitarbeiter. Serviceorientierte, motivierte und kompetente Mitarbeiter sind aufgrund des Dienstleistungscharakters bzw. Dienstleistungsinnovationscharakters von essentieller Wichtigkeit für den Erfolg eines neuen Services. Im Rahmen des Innovationsprozesses ist es wichtig die Mitarbeiter, bei dem genannten Beispiel die Trainer, spezifisch auf die neue Dienstleistung, auf die neuen Prozesse und die Zielgruppe fachlich sowie sozial zu schulen und zu motivieren. Wenn auch Phase 8 erfolgreich durchlaufen wurde, folgt die Markteinführung der neuen Dienstleistung.

6.1.9. Begleitende Testphasen des Serviceinnovationsprozesses

Aufgrund des hohen Risikos einer Serviceinnovation ist es essentiell, diese bereits während ihrer Entwicklung regelmäßig aus Rentabilitäts- und Kostengesichtspunkten sowie aus Kundenperspektive zu betrachten. Als Konsequenz daraus werden in diesem Modell die Prozessphasen kontinuierlich aus wirtschaftlicher Sicht sowie Kundensicht überprüft, um sie zu optimieren bzw. zu modifizieren. Auch kann die Entwicklung einer Idee, die doch nicht Erfolg versprechend ist wie am Anfang angenommen wurde, durch dieses Instrumentarium jederzeit abgebrochen werden. Sowohl die Wirtschaftlichkeits- wie die Kundentests erfolgen als stetiger, immer größer werdender Prozess, welcher die einzelnen Phasen des Modells begleitet.

Die fortlaufenden Wirtschaftlichkeitsanalysen beginnen bereits mit Phase 1 bei der Wahl der Zielgruppe. Denn schon hier stellt sich die Frage: Für welche Zielgruppe ist eine Serviceinnovation in unserem Unternehmen am rentabelsten bzw. aus anderen Gründen am vorteilhaftesten? Auch mit allen weiteren Phasen stellt sich nach Expertenmeinung immer wieder die Frage: „'Was verdienen wir damit und was kostet das?'" (S.E. 2009). Um die Phase erfolgreich abschließen zu können, muss die Antwort immer: „'Ja, ich habe die begründete Aussicht damit Geld verdienen zu können'" (S.E. 2009) lauten. Der begleitende „Business Case" wird von Phase zu Phase immer komplexer, konkreter und wirft immer noch mehr Fragen auf. „…spätestens wenn Sie die Kundenanforderungen ermitteln, kriegen Sie eine Riesen-Batterie: Wie viele Marktsegmente, wie nah wollen Sie an das Marktsegment heran, wie unterschiedlich soll das sein, wie wollen Sie das differenzieren, wie wollen sie das bepreisen?" (S.E. 2009). Es ist deswegen wichtig in jeder Stufe den „Business Case" um die neuen Erkenntnisse zu aktualisieren und zu konkretisieren (S.E. 2009).

Bauhaus Licht behält über alle Phasen hinweg Rentabilität und Kosten der neuen Dienstleistung durch seinen fortlaufenden „Business Case" im Blick.

Neben der Kosten- und Rentabilitätsseite des Unternehmens ist es min. genauso wichtig das Kundenurteil bzw. die Kundenmeinung über den aktuellen Stand der Dienstleistungsentwicklung einzuholen. Auch M.D. ist der Meinung, man müsse „den Kunden noch viel, viel mehr am Prozess teilhaben lassen. Man muss den Kunden einfach auch bei kleinen Arbeitsschritten partizipieren lassen und sich konsequent Feedback holen, wie es beispielsweise Nintendo bei der Entwicklung von Spielen gemacht hat" (2009). Schließlich sollen diese den neuen Service kaufen. Die Kundentestphase beginnt ab Phase 3, wenn die Kundenanforderungen segmentiert und gewichtet werden, sowie bei der Bestimmung der „WIE-Merkmale" oder der Problemlösungen. Auch hierbei macht es nach Meinung von Experten Sinn keine punktuellen Tests zu verwenden, „…sondern (…) einen begleitenden Test, den ich Stück für Stück aufblase" (S.E. 2009). Dadurch kann ein das nach Praxiserfahrung wichtigste Erfordernis, die Dynamik, verstärkt werden (S.E. 2009). Ein besonderer Vorteil durch die fortlaufenden Tests ist, dass die Testkunden durch den Prozessverlauf mitgenommen werden. „Sie sehen dann auch beim Übergang von einer Phase zur nächsten, wo die Schwierigkeiten liegen. (…) Da sehen Sie Dinge, die Sie bei den punktuellen nicht sehen" (S.E. 2009). Auch die Verselbstständigung von Testprojekten stellt bei fortlaufenden Tests kein Problem mehr da, da die Kundentestphase fließende Übergänge hat und nicht abgebrochen wird.

Da es – wie in Abschnitt 4.3.1 dargestellt – besonders schwer ist Dienstleistungen zu testen, eignet sich der fortlaufende Test mit Kunden auch besonders dadurch, dass die Servicekonzeption probehalber nachgestellt werden kann. So kann ein Pilotversuch parallel zu den Phasen 7 und 8 erfolgen. Innerhalb der frühen Phasen, d.h. von Phase 3 bis 6, eignen sich „Customer Focus Groups". Da diese meist nur gesonderte Problemstellungen bewerten müssen erfordert dies auch keine erhöhte Vorstellungskraft. Auch die Bewertung des Dienstleistungsergebnisses ist begrenzt abstrakt darstellbar. Am Ende der Testphase erfolgt die Evaluierung im Rahmen eines Testmarktes. Nach immer wiederkehrender Optimierung und Modifikation der Serviceinnovation von Seiten der Kunden folgt letztendlich die Markteinführung. Allerdings beendet diese nicht die Aufgabe immerzu weitere Kundenanregungen für die Verbesserung des Services aufzunehmen. Dies sollte ein stetig weiterzuverfolgendes Ziel bleiben.

Bauhaus Licht testet seine Serviceinnovation zuerst im Gespräch mit Schlüsselkunden, dadurch erhält er wichtige Verbesserungsvorschläge. Auf Basis der Testurteile werden die potentiellen Dienstleistungen optimiert, um anschließend weiterentwickelt zu werden. Nachdem auch die Potentialfaktoren der Innovation konzipiert wurden, erfolgt der Pilottest und nach weiteren Modifikationen die Einführung in Testmärkten.

Nachdem alle Phasen des Prozesses von der Ideen- bis zur Serviceentwicklung durch ständige Tests optimiert wurden, erfolgt die Markteinführung der neuen Dienstleistung und somit das Ende des Innovationsprozesses. Es ist jedoch auch Ziel nach der Markteinführung die Qualität des Services fortwährend zu verbessern. Allerdings ist für eine erfolgreiche Dienstleistungsinnovation weit mehr als nur der alleinige Innovationsprozess notwendig. Das Serviceinnovationsmanagement stellt weitere essenzielle Komponenten für die Entwicklung einer neuen Dienstleistung dar.

6.2. Weitere Faktoren des Dienstleistungsinnovationsmanagements

„Wer innovativ sein will, muss vor allem eines neu erfinden: sich selbst" (Vodafone 2009b). Aus diesem Grund sind abgesehen vom dargestellten Dienstleistungsinnovationsprozess weitere Faktoren ausschlaggebend für den Innovationserfolg. Um den entwickelten Prozess optimal anzuwenden, bedarf es eines Serviceinnovationsmanagement, welches ihn optimal unterstützt. Dieses Managementkonzept setzt sich, wie in Abb. 18 und vergrößert in Anh. 10 dargestellt, aus verschiedenen Faktoren zusammen.

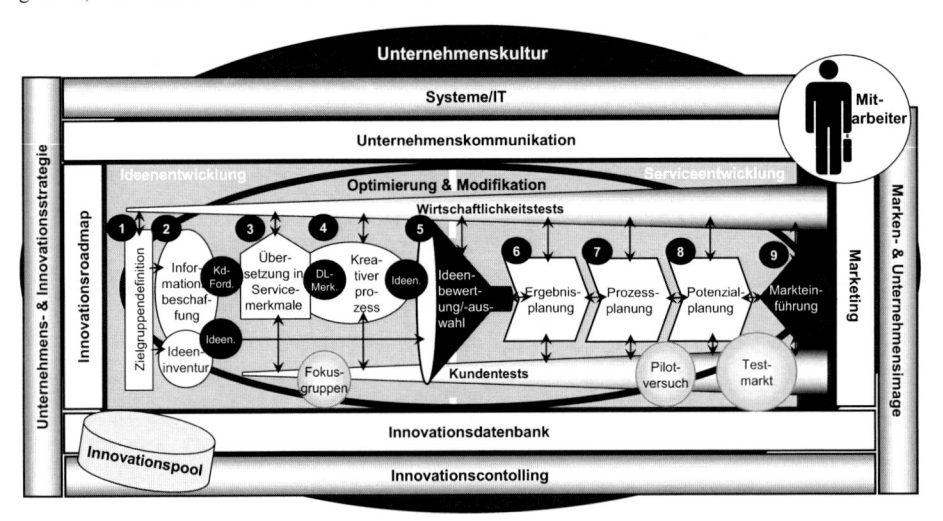

Abb. 18: Selbst entwickeltes Dienstleistungsinnovationsmanagementkonzept
Quelle: Eigene Darstellung

Als „Herz" des Modells fungiert der Innovationsprozess. Dieser wird von Faktoren auf Mikro- und Makroebene eingerahmt. Die weißen Balken bilden die Mikro-, die grauen Balken die Makroebene ab. Diese Faktoren werden von der Unternehmenskultur umgeben. Innerhalb dieses Managementkonzeptes sind die Ziele und Grundgedanken von Quality Function Deployment von höchster Relevanz und es wird versucht, diese im Rahmen jedes einzelnen Faktors umzusetzen.

Unternehmenskultur

Sehr förderlich für die Entwicklung eines erfolgreichen, neuen Service ist die Kultur eines Unternehmens. Diese kann als Schlüsselfaktor zur Unternehmenssteuerung bezeichnet werden. Durch die Unternehmenskultur kann das Grundraster von Werten und Verhaltensmustern Normen schaffen, welche eine Kontroll- und Koordinationsfunktion enthalten (Edvardsson/Enquist 2002, S. 153 ff.; Sackmann 2004; Webster 1993, S. 111 ff.; Wilkins/Ouchi 1983, S. 468 ff.). Beispielsweise nutzt der Deutsche Paket Dienst (DPD) seine Dezentralität zur Identifikation von regionalen „Best-Practice"-Ansätzen und anschließenden unternehmensweiten Adaptionen. Zudem werden Mitarbeiter ermutigt unternehmerisch zu denken. „Dies führt zu einer Dynamik in der sich alle Ebenen täglich fragen: ‚Was können wir morgen besser machen?'" (Fluri/Stetenfeld 2007, S. 279). Durch diese Struktur kann der DPD Neuerungspotenziale schnell identifizieren und so den Nutzen aus den Innovationen zeitnah in Unternehmenswerte umwandeln (Fluri/Stetenfeld 2007, S. 279). Am Beispiel des DPD kann man erkennen wie wichtig eine Unternehmenskultur ist, welche ständige Verbesserung und totale Kundenorientierung zum Ziel hat und dieses Ziel auch über alle Ebenen und Bereiche im Unternehmen umsetzt. Da der Grundgedanke von QFD, die Integration der Kundenanforderungen in den Innovationsprozess, in diesem Modell übernommen wird, ist es auch für dieses Managementkonzept eine optimale Voraussetzung, dass die Unternehmenskultur den TQM-Gedanken aktiv lebt, wie es bereits in Kap. 3.3. erläutert wurde. Da gerade Veränderungen zu vielen Widerständen bei Mitarbeitern in den unterschiedlichsten Bereichen der Organisation führen können, ist es besonders wichtig, dass alle Mitarbeiter konform zur Unternehmenskultur offen für Neues und insb. Serviceinnovationen sind.

Unternehmens- & Innovationsstrategie

Als erster Faktor des Innovationsmanagements kann die Strategie der Organisation angeführt werden. Diese sollte optimalerweise analog zur Unternehmenskultur die Ziele von Total Quality Management verfolgen. Im Idealfall ist das Ziel der Innovation in der Unternehmensstrategie als ein Hauptelement verankert, wie es z.B. beim DPD der Fall ist. Die Unternehmensstrategie ist somit Grundlage für die Innovationsstrategie (Fluri/Stetenfeld 2007, S. 278). Ein Aspekt welcher eng mit der Unternehmens- und Innovationsstrategie korreliert ist die Bereitstellung von genügend Ressourcen für die Entwicklung der Dienstleistung. Wie auch bei Quality Function Deployment ist es maßgeblich für den Erfolg der Innovation ein interdisziplinäres Projektteam von wenigen ausgewählten Mitgliedern einzusetzen. Jedes der Mitglieder sollte im Optimalfall 100 % seiner Kapazitäten für das Projekt zur Verfügung haben. Auch sollten Räumlichkeiten für das Team geschaffen werden, so dass die Arbeitsplätze während der Dauer des Projektes zusammengelegt werden können, um Kommunikationswege zu reduzieren. Ein weiterer wichtiger Punkt ist die Festsetzung des Budgets. Oft werden Innovationserfolge dadurch verhindert, dass aufgrund mangelnder Planung irgendwann das Budget für diese Projekte gestrichen oder drastisch reduziert wird (M.D. 2009). Aus diesem Grund ist es essentiell, dass sich das Management vorab überlegt, wie viele Ressourcen es aufwenden kann und will. Anschließend sollte ein realistisch geschätztes Budget festgesetzt werden und dies auch fix zur Verfügung stehen.

Innovationsroadmap

Nachdem die Innovationsstrategie feststeht folgt die zeitliche Planung der Serviceinnovationen. Wenn ein Unternehmen ein Spektrum an neuen Dienstleistungen entwickelt, eignet sich dafür eine Innovationsroadmap. Darunter kann ein kreatives Analyseverfahren verstanden werden, „mit dessen Hilfe die Zukunftspfade von relevanten Planungsdimensionen analysiert, miteinander in Einklang gebracht und komplexe unternehmerische Zusammenhänge formalisiert werden können" (von den Eichen et al. 2007, S. 377 zit. nach Specht/Behrens 2005, S. 146 f.). Durch den Innovationsroadmapansatz wird verdeutlicht welche Kundenbedürfnisse eine Dienstleistung abdeckt sowie deren zeitliche Relevanz. Um dies zu ermitteln wird die Entwicklung von Märkten und Stakeholdern mit Hilfe von Trendanalysen, Szenariotechnik oder anderen Methoden analysiert. Darüber hinaus wird aufgezeigt auf welchen Kompetenzen und Fähigkeiten die jeweilige Serviceinnovation beruht, sowie deren zeitliche Verfügbarkeit. Die Roadmap gibt Aufschluss über geeignete Markteintritte der neuen Services (Gausemeiere/Herbst/Eilerts 2007, S. 370).

Systeme/IT

Ein weiterer Faktor sind die Systeme und die IT des Unternehmens. Diese bergen verschiedenste Chancenpotenziale für das Innovationsmanagement. Informations- und Kommunikationstechnologien legen über reine Prozesseffizienz hinaus den Grundstock für vernetzte Organisationen. Als Folge davon können sie die Umsetzung von Serviceinnovationen maßgeblich beschleunigen (Hipp/Verworn 2007, S. 97 ff.). Serviceinnovationen erfordern häufig spezifische maschinelle Fähigkeiten. Um bei technischen Veränderungen durch eine neue

Dienstleistung die IuK-Technologie in vollem Umfang nutzen zu können, ist es wichtig, dass die bestehenden Systeme mit neuen Instrumenten kompatibel sind (Meffert/Bruhn 2009, S. 260).

Unternehmenskommunikation

Auf der IuK-Technologie basierend stellt die Unternehmenskommunikation auf zwei Ebenen einen wichtigen Faktor für das Serviceinnovationsmanagement dar. Zum einen gibt es bei der Entwicklung einer neuen Dienstleistung für das Projektteam verschiedenste unternehmensinterne Schnittstellen. Bei bestimmten Unternehmen sind das u.a. Mitarbeiter zur Erstellung der Onlineplattform oder auch des Marketings (A.K. 2009). Darüber hinaus kommt noch eine Vielzahl an weiteren Schnittstellen hinzu. Es ist von besonderer Wichtigkeit an diesen Stellen Reibungen zu vermeiden. Dies kann durch eine gezielte und häufige Kommunikation zwischen den Fachbereichen erfolgen, da somit die Perspektive der anderen Seite am Besten verstanden werden kann und gemeinsame Lösungen gefunden werden können. Eine weitere Aufgabe der internen Kommunikation ist es eine allgemeine Akzeptanz im Unternehmen für die Innovation zu schaffen. Die Mitarbeiter sollen sich mit der Innovation identifizieren und hinsichtlich ihrer Vorteilhaftigkeit überzeugt werden (Meffert/Bruhn 2009, S. 263). Dies kann z.B. dadurch geschehen, dass internes Marketing für die neue Dienstleistung in Form von regelmäßigen Berichten über den aktuellen Entwicklungsstand auf der Hauptseite im Intranet, betrieben wird. Dadurch wäre der neue Service für jeden Mitarbeiter präsent und er bekommt die Möglichkeit sich damit zu identifizieren. PwC bündelt beispielsweise verschiedene Instrumente, um das Thema Innovation bei den Mitarbeitern breit und tief zu verankern. Innovationsaktivitäten werden so durch regulär stattfindende „Meetings", „Newsletters" und Internetseiten begleitet (Scholich/Robers 2007, S. 336). Außerdem findet sich in diesem Faktor die QFD-Philosophie wieder, welche offene Kommunikation und Information und die Intensivierung der Zusammenarbeit im Unternehmen zu ihren grundsätzlichen Zielen zählt.

Mitarbeiter

Der Mitarbeiter – wie man deutlich in Teil 4 dieses Buches erkennen kann – ist der wichtigste Potenzialfaktor und somit entscheidender Erfolgsfaktor einer Serviceinnovation (Schmidt 1996a, S. 21 f.). Er beeinflusst wesentlich die Dienstleistungsqualität (Zeithaml/Parasuraman/ Berry 1985, S. 33 ff.). Aus diesem Grund ist es besonders wichtig diesen Faktor zu fokussieren. Diese Zielsetzung verfolgt auch TQM. Dies beginnt schon mit der Auswahl von kunden-

und qualitätsorientiertem Personal (Stauss 2000b, S. 210). Zudem ist es wichtig Mitarbeiter, besonders Servicemitarbeiter, regelmäßig serviceorientiert und fachlich zu schulen (Bruhn 2008, S. 319 ff.). Ihnen sollen alle Fähigkeiten vermittelt werden, welche sie zur Bewältigung von Kundenkontaktsituationen benötigen. Ein weiteres Ziel ist die Schaffung einer Akzeptanz für Qualitäts- und Kundenorientierung sowie eines organisationsinternen Umfeldes, das kunden- und qualitätsorientierte Einstellungen und Verhalten unterstützt (Stauss 2000b, S. 210). Außerdem sollte die Mitarbeitermotivation v.a. intrinsisch gefördert werden, da extrinsische Anreize nicht immer zielführend sind. Experten haben z.b. die Erfahrung gemacht, dass eine Prämienzahlung für verkaufte Services keine erhöhten Verkaufsraten herbeiführt (S.E. 2009).

Marken- & Unternehmensimage

Wie in Abschnitt 4.2.1. erläutert wird, weisen Services vorwiegend Vertrauenseigenschaften auf. Da diese weder vor noch nach dem Kauf bewertet werden können, sozusagen der Kunde „die Katze im Sack kauft" (E.W. 2009), ist der Konsument gezwungen auf die Informationen des Anbieters zu vertrauen. Das Kundenvertrauen ist deswegen bei Dienstleistung besonders wichtig. Das Vertrauen in das Unternehmensimage und die Marke spielt eine große Rolle (E.W. 2009). Ein positives Unternehmensimage kann durch die Grundsätze des Total Quality Managements erreicht werden. Gerade Ansatzpunkte wie Qualitätsverantwortung aller Unternehmensangehörigen und soziale Verantwortung können zu einem glaubwürdigen Image von Unternehmen und Marke beitragen (Rothlauf 2004, S. 51). In Kombination mit gezielten Public-Relation-Maßnahmen können diese gelebten Werte auch an die Stakeholder kommuniziert werden, so dass Konsumenten Vertrauen in die Marken und das Image des Unternehmens legen können.

Marketing

Nicht nur durch das Unternehmens- und Markenimage kann das Vertrauen des Konsumenten gewonnen werden, auch das generelle Marketing der Unternehmensmarken sowie die spezielle Vermarktung der neuen Dienstleistung können wesentlich dazu beitragen (Meffert/Bruhn 2009, S. 263). Ziel des Marketings ist es insb. das Kundenvertrauen zu gewinnen und ein tangibles Bild der Dienstleistung zu vermitteln. Darüber hinaus kann durch die Vermarktung auch die „Schulung" des Konsumenten erfolgen. Das Marketing kann hierfür verschiedenste Methoden verwenden. Um das Vertrauen der Kunden zu gewinnen, warben die Deutsche Post AG und O2Genion z.B. erfolgreich mit Testimonials, wie den Gottschalkbrüdern oder Franz

Beckenbauer, bei der Einführung eines neuen Tarifsystems (Meffert/Bruhn 2009, S. 263). Eine weitere Möglichkeit zur Herstellung von Kundenvertrauen ist die Verwendung von Testsiegeln, wie z.b. der Stiftung Warentest (Rosenberger 2000, S. 343 f.). Gewisse Unternehmen haben beispielsweise positive Erfahrungen mit der Vermarktung von Dienstleistungen, die durch Testsiegel ausgezeichnet wurden, gemacht. Nach J.S. wirken Siegel Wunder (2009). Testsiegel minimieren das Kaufrisiko des Kunden und seine Kaufentscheidung wird ihm erleichtert (E.W. 2009). Auf diese Weise kann auch das Kundenvertrauen gewonnen werden. Um den „unsichtbaren" Service für den Konsumenten sichtbar zu machen, empfiehlt es sich, u.a. nach Expertenmeinung, ihn in einer physischen Verpackung darzustellen, wie z.B. die Deutsche Bank, welche Girokonten in Metallboxen verkauft oder Tchibo, welche im Reisebereich Gutscheine in Koffern präsentiert hat (S.E. 2009, A.K. 2009). Darüber hinaus sollten Produktbeschreibungen der Services kurz, einfach und prägnant erfolgen (A.K. 2009, E.W. 2009). Den Kunden für den neuen Service „umzuschulen" kann unterschiedlich erfolgen. Es ist nach Experten wichtig „das gelernte Kundenverhalten und den eigentlichen Anspruch, den der Service an den Kunden oder an den Verkauf stellt, aneinander anzunähern" (S.E. 2009). Das kann beispielsweise in einem Handelsunternehmen, welches bislang kaum Dienstleistungen angeboten hat, dadurch geschehen, dass Services genauso dargestellt und beworben werden wie Produkte, z.B. durch die Verpackung (S.E. 2009). Durch solch ein Vorgehen werden die Umlernprozesse des Kunden minimiert. Außerdem zählt das Pricing zu den Aufgaben des Marketings. Um die Zahlungsbereitschaft des Kunden zu bestimmen und einen optimalen Preis festzusetzten spielt das QFD-Prinzip, die Anforderungen des Kunden hierfür genau zu kennen, eine große Rolle (S.E. 2009).

Innovationscontrolling

Um die Planung, Steuerung und Kontrolle des Innovationsprozesses effektiv und effizient gestalten zu können sollten die Erfolgsaussichten der neuen Dienstleistung fortlaufende beurteilt werden. Das ist maßgeblich für eine erfolgreiche Serviceentwicklung. Diese Aufgabe, welche durch die Besonderheiten von Services beeinflusst wird, fällt dem Innovationscontrolling zu (Littkemann/Holtrup 2007, S. 220). Innovationscontrolling kann in Umsetzungs- und Prämissencontrolling unterteilt werden. Aufgabe des *Umsetzungscontrollings* ist es vereinbarte Maßnahmen und ggf. Projekte zur Entwicklung neuer Services zu überwachen und bei Abweichungen diesen entgegenzuwirken (Gausemeier/Herbst/Eilerst 2007, S. 370 f.). Das *Prä-*

missencontrolling beschäftigt sich hauptsächlich mit der Frage: „Gelten die Annahmen, auf denen unsere Strategie beruht, nach wie vor?" (Gausemeier/Herbst/Eilerst 2007, S. 367). Diese Strategie bezieht sich auf ermittelte Trends, welche zu Trendclustern gebündelt Aussagen über die zukünftige Relevanz von Innovationen treffen sollen (Gausemeier/Herbst/Eilerst 2007, S. 366).

Innovationsdatenbank

Als Voraussetzung für das Prämissencontrolling dient u.a. eine Innovationsdatenbank (Gausemeier/Herbst/Eilerst 2007, S. 369). Wie in Abschnitt 2.4.2. dargestellt, werden Ideen, welche den Anforderungen innerhalb des Innovationsprozesses nicht mehr genügen zusammen mit den Ablehnungsgründen und dem damaligen Vorgehen in der Innovationsdatenbank abgespeichert. Diese Ideen können zu einem späteren Zeitpunkt und bei veränderten Bedingungen im Rahmen der Ideeninventur wieder in den Innovationsprozess aufgenommen werden (Gausemeier/Herbst/Eilerst 2007, S. 369). Auch können innerhalb dieser Datenbank Analysen erfolgen, ob zwischen den abgelehnten Ideen Korrelationen bestehen, um mit Hilfe dieser Ergebnisse die Ideenbewertung zu optimieren. Die Vorteilhaftigkeit solch einer Analyse sehen auch Experten (S.E. 2009).

Innovationspool

Unter dem Innovationspool ist eine Datenbank zu verstehen in welche ständig neue innovative Ideen aufgenommen werden können. Mitarbeiter sowie Kunden können ihre kreativen Vorschläge oder Anregungen einreichen. Durch „Incentives" und spezielle Innovationsaktionen könnten „kreative Köpfe" zusätzlich angeregt werden ihre Ideen dem Dienstleistungsanbieter mitzuteilen. Darüber hinaus könnte dieser Innovationspool auch mit dem Beschwerdemanagement verknüpft werden. Wie durch die Forschung und dienstleistungsbezogene Aussagen bestätigt, eignet sich die Beschwerdeanalyse dazu Probleme zu entdecken (Bruhn 1982; Hansen/Jeschke/Schöber 1995, S. 77 ff.; Hansen/Schoenheit 1987; Horovitz 1992, S. 130; Meffert/Bruhn 1981, S. 597 ff.; Normann 1987, S. 142; Riemer 1986; Stauss/Seidel 2007). So könnten durch die Analyse dieser Probleme wichtige innovative Anregungen aufgenommen werden, welche mit in die Innovationsdatenbank einfließen können. Die in diesem Pool an Ideen gesammelten Informationen müssten zunächst nach Innovativität und Relevanz überprüft werden, könnten aber nach einer thematischen Segmentierung einen enormen Gewinn für das Innovationsmanagement bedeuten. Somit liegt ein Instrument vor, mit welchem Kundenanforderungen permanent aufgenommen werden können. Im Falle eines neuen Innovationsprojektes kann jederzeit auf den Pool zurückgegriffen werden, um daraus innovative Vorschläge zu entnehmen.

Durch die weiteren Faktoren des Serviceinnovationsmanagements kann der Dienstleistungsinnovationsprozess optimal ergänzt werden. Wie Abb. 19 veranschaulicht, werden im Rahmen des entwickelten Konzeptes alle – in Teil 4 dieses Buches – erörterten Anforderungen an ein optimales Dienstleistungsinnovationsmanagement berücksichtigt. Die bereits durch den Service-QFD-Prozess bewältigten Herausforderungen werden beibehalten. Darüber hinaus werden die durch Quality Function Deployment noch nicht gelösten Schwierigkeiten in dem neu entwickelten Konzept zusätzlich berücksichtigt.

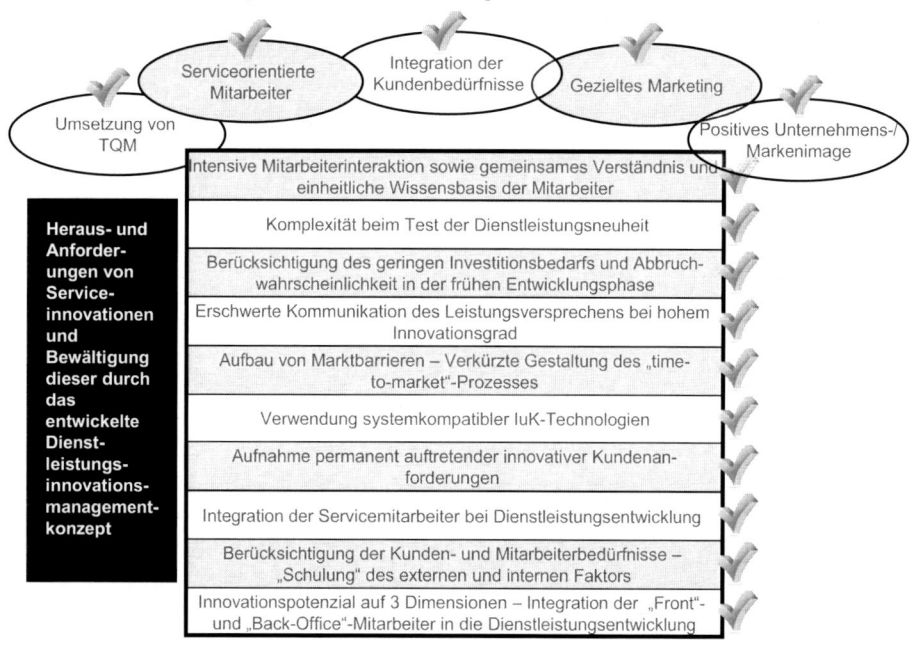

Heraus- und Anforderungen von Serviceinnovationen und Bewältigung dieser durch das entwickelte Dienstleistungsinnovationsmanagementkonzept	
Umsetzung von TQM	✓
Serviceorientierte Mitarbeiter	✓
Integration der Kundenbedürfnisse	✓
Gezieltes Marketing	✓
Positives Unternehmens-/Markenimage	✓
Intensive Mitarbeiterinteraktion sowie gemeinsames Verständnis und einheitliche Wissensbasis der Mitarbeiter	✓
Komplexität beim Test der Dienstleistungsneuheit	✓
Berücksichtigung des geringen Investitionsbedarfs und Abbruchwahrscheinlichkeit in der frühen Entwicklungsphase	✓
Erschwerte Kommunikation des Leistungsversprechens bei hohem Innovationsgrad	✓
Aufbau von Marktbarrieren – Verkürzte Gestaltung des „time-to-market"-Prozesses	✓
Verwendung systemkompatibler IuK-Technologien	✓
Aufnahme permanent auftretender innovativer Kundenanforderungen	✓
Integration der Servicemitarbeiter bei Dienstleistungsentwicklung	✓
Berücksichtigung der Kunden- und Mitarbeiterbedürfnisse – „Schulung" des externen und internen Faktors	✓
Innovationspotenzial auf 3 Dimensionen – Integration der „Front"- und „Back-Office"-Mitarbeiter in die Dienstleistungsentwicklung	✓

Abb. 19: Anforderungen Serviceinnovationen und Bewältigung dieser das entwickelte Dienstleistungsinnovationsmanagementkonzept
Quelle: eigene Darstellung

6.3. Grenzen und Implikationen bei der Anwendung von Quality Function Deployment innerhalb des Serviceinnovationsmanagements

Kap. 3.5. zeigt, dass Quality Function Deployment viele Vorteile bei der Entwicklung von v.a. Produkten, aber auch Services aufweist. Jedoch kann QFD – wie in Teil 5 dieses Buches dargestellt wird – die Herausforderungen, welche durch die Entwicklung neuer Dienstleistungen entstehen, nur teilweise lösen. Aus diesem Grund kann man bei der Anwendung von Quality Function Deployment innerhalb des Serviceinnovationsmanagements an Grenzen stoßen.

Der QFD-Prozess kann weder einen Innovationsprozess noch ein standardisiertes Serviceinnovationsmanagement ersetzten. Quality Function Deployment stellt lediglich ein geeignetes Instrument dar, um diesen Prozess zu unterstützen oder zu ergänzen. Mit einer Dienstleistungsinnovation verbundene Managementfaktoren, wie beispielsweise die Vermarktung der neuen Dienstleistung oder das Innovationscontrolling, können durch QFD nicht abgedeckt werden. Durch Quality Function Deployment können anhand von Kundenbedürfnissen und -wünschen innovative und auf den Kunden ausgerichtete Dienstleistungsmerkmale herauskristallisiert werden. Durch diese kritischen Servicemerkmale können Dienstleistungen entwickelt werden, die der Kunde wünscht und die ihn im Idealfall begeistern. Des Weiteren konzentriert sich QFD in jeder Phase ausschließlich auf die kritischen Merkmale. Jedoch rücken nur die jeweils für kritisch empfundenen Merkmale in das nächste „House of Quality" vor, um detailliert analysiert zu werden. Dies hat den Vorteil, dass die Merkmale, welche vom Kunden für besonders wichtig gehalten werden, detailliert durchdacht werden. Allerdings werden alle anderen Faktoren durch die Qualitätshäuser selbst nicht weiter berücksichtigt.

Außerdem fragt QFD den Kunden nicht nach konkreten Ideen für einen Service, sondern ermittelt Kundenbedürfnisse. Durch verschiedene Techniken werden diese strukturiert, segmentiert und in Dienstleistungsanforderungen übersetzt. Diese Serviceforderungen bieten einen sehr geeigneten Ausgangspunkt, um in kürzester Zeit neue Dienstleistung zu kreieren, die den Kunden begeistern. Jedoch hängt es von der Kreativität der Projektmitglieder und geeigneten Kreativitätstechniken ab daraus wirkliche Ideen für einen neuen Service zu entwickeln. QFD bietet nur eine Orientierungshilfe und Gedankenstütze, die kreative Arbeit selbst kann Quality Function Deployment nicht beeinflussen.

Die Ermittlung der Kundenbedürfnisse und –wünsche hin zur Bestimmung fertiger Serviceanforderungen ist ein guter Wegweiser auf dem Pfad zu einer erfolgreichen Dienstleistung.

Auch die Analyse zur Aussiebung der wichtigsten Anforderungen, wie sie im ersten „HoQ" stattfindet, ist von großem Vorteil für den Serviceinnovationsprozess. Jedoch weisen die weiteren Qualitätshäuser der Phasen II-IV nach Ansicht des Verfassers keinen erheblichen Mehrwert gegenüber anderen Methoden auf. Aufgrund der erheblichen Komplexität von Dienstleistungsneuheiten sollte im Entwicklungsprozess der Fokus darauf gelegt werden, dass man alle Ergebnisaspekte, Prozessschritte und Potenzialfaktoren abdeckt, um am Ende dem Kunden einen Service bieten zu können, der seinen Basis-, Leistungs- und Begeisterungsanforderungen gerecht wird. Der Konsument soll mehr als zufriedengestellt, also begeistert werden, um ihn langfristig an das Unternehmen zu binden. Bei einer Methode, die nur kritische Merkmale ausgiebig betrachtet, besteht das Risiko, dass weniger wichtige Merkmale übersehen werden.

Wenn diese Grenzen von Quality Function Deployment beim Serviceinnovationsprozess beachtet werden, kann mit Hilfe von QFD ein Innovationsmanagement entstehen, das den Herausforderungen von Dienstleistungsneuheiten gewachsen ist.

7. Schlussbetrachtung

"Today no one needs to be convinced of the importance of innovation – intense competition along with fast-changing markets and technologies has made sure of that. How to innovate is the key question" (Drucker 1998, S. 149). Diese Schlüsselfrage wird in dieser Untersuchung noch weiter konkretisiert und hinterfragt. Es ergibt sich daraus die konkrete Frage, inwieweit Quality Function Deployment von Relevanz für Serviceinnovationen ist.

Um hierauf eine Antwort zu finden werden in dieser Untersuchung zunächst, basierend auf den Grundlagen von Serviceinnovationen (Teil 2), die Besonderheiten und Herausforderungen von Dienstleistungsneuheiten herausgearbeitet (Teil 4). Auf den grundlegenden Informationen von Quality Function Deployment (Teil 3) aufbauend werden die Möglichkeiten von QFD, mit den Herausforderungen von Serviceinnovationen umzugehen, analysiert (Teil 5). Als Schlussfolgerung dieser Betrachtung ergibt sich, dass Quality Function Deployment die Herausforderungen von Serviceinnovationen nur teilweise lösen kann. Da auch die in der Wissenschaft diskutierten Serviceinnovationsprozesse und Managementkonzepte Raum für

Verbesserungen lassen, welche insb. von den Vorteilen von QFD profitieren können, wird als Konsequenz ein neues Dienstleistungsinnovationsmanagementkonzept entwickelt (Teil 6).

Dieses Konzept orientiert sich an den in diesem Buch gesammelten Anforderungen an ein erfolgreiches Serviceinnovationsmanagement. In den entwickelten Prozess werden die Ziele und Grundzüge von Quality Function Deployment und die erste Phase des „Service-QFDs" implementiert. Zudem fließen die Grundgedanken von QFD teilweise in die ergänzenden Faktoren des Managementkonzeptes ein. Das entwickelte Modell deckt die in diesem Buch erörterten Anforderungen an ein optimales Serviceinnovationsmanagement weitestgehend ab.

Jedoch kann dieses Innovationskonzept in seinem vollen Ausmaß einen tiefgreifenden Einschnitt für eine Unternehmung bedeuten, da viele Bereiche einer Organisation sowie die gesamte Unternehmenskultur und auch das oberste Management davon betroffen sind. Das Modell eignet sich besonders für Organisationen, die bereits höchste Qualität und Kundenorientierung funktions- und bereichsübergreifend als oberste Zielsetzung verfolgen, wie es beispielsweise im TQM-Ansatz gelebt wird. In Unternehmen, die diesen Zielen weniger Bedeutung beimessen, könnte der Serviceinnovationsprozess alleine verwendet werden. Der komplette Innovationsmanagementansatz würde aller Wahrscheinlichkeit nach schnell an seine Grenzen stoßen oder im Idealfall als Anlass gesehen werden die Grundsätze des Unternehmens zu überdenken. Der losgelöste Innovationsprozess kann jedoch nur in Kombination des entwickelten Managementkonzepts alle Anforderungen von Serviceinnovationen erfüllen. Es ist aber durchaus möglich auf einzelne Faktoren des Innovationsmanagements zu verzichten, wenn diese das Unternehmen in einer Nutzen-Aufwand-Betrachtung, als nicht notwendig ansieht.

Jede Entwicklung eines neuen Service ist extrem unterschiedlich und individuell. Eine Serviceinnovation kann sein, dass Edeka älteren Kunden Lesebrillen ausleiht oder ein Trockeneisroboter im Facility Service (DIHK 2008, S. 3; Hennerici/Neumann 2007, S. 304). Zur Komplexität und Vielfalt von Dienstleistungen selbst kommen noch weitere unterschiedliche Faktoren. Hierzu kann beispielsweise zählen, ob der Serviceanbieter dezentral oder zentral gesteuert wird oder ob es sich bei dem Servicenachfrager um ein anderes Unternehmen oder den Endkunden handelt. Zudem bringt das Thema Kooperationen mit Partnern eine weitere Fülle an unterschiedlichen Varianten mit sich. Ob das hier vorgestellte Modell für jeden einzelnen dieser Fälle konstant erfolgreich angewendet werden kann, ist fraglich. Ebenso, ob dies überhaupt ein standardisiertes Modell schaffen kann. Zumindest kann das entwickelte Serviceinnovationsmanagementkonzept sehr flexibel und dynamisch angewendet werden. Je nach Bedarf können auch nur einzelne Teile davon eingesetzt werden.

Das in diesem Buch vorgestellte Dienstleistungsinnovationsmanagementkonzept ist bislang ein theoretisches Modell. Um zu analysieren inwieweit es wirklich die Hindernisse bei der Entwicklung eines neuen Services umschiffen kann, bedarf es einer empirischen Überprüfung. Jedenfalls erscheint es v.a. in Anbetracht der wachsenden Bedeutung des tertiären Sektors und des damit verbundenen ständig steigenden Konkurrenzdrucks immer wichtiger Serviceinnovationen entsprechend nach den Wünschen und Bedürfnissen von Kunden zu entwickeln. QFD kann nicht nur dabei helfen den Kunden die Wünsche von den Lippen abzulesen, sondern diese zu sehen bevor der Kunde sie sieht. Denn wenn ein Anbieter seine Kunden immer wieder aufs Neue überraschen und begeistern kann, kann er sie langfristig an sich binden und sie vielleicht sogar, wie es die Zielsetzung von Vodafone ist, zu Fans machen.

Abschließend kann aus dieser Untersuchung geschlussfolgert werden, dass Quality Function Deployment durchaus von großer Relevanz für Serviceinnovationen ist.

Anhangsverzeichnis

Anh. 1: Modell der Dienstleistungsproduktion und –transaktion ... XI

Anh. 2: Kategorisierung bedeutender Definitionen des Innovationsbegriffes ... XII

Anh. 3: Deutsche Bruttowertschöpfung nach Wirtschaftsbereichen ... XIV

Anh. 4: Erwerbstätige in Deutschland nach Wirtschaftsbereichen ... XIV

Anh. 5: Verbreitung von Innovationsprozessen: physische Produkte versus Services ... XV

Anh. 6: „Stage-Gate"-Prozess der dritten Generation ... XV

Anh. 7: Fünf-Phasen-Modell nach Saatweber… ... XVI

Anh. 8: Erstes „House of Quality" des „Service-QFD-Prozesses" ... XVII

Anh. 9: Zweites „House of Quality" des „Service-QFD-Prozesses"… ... XVIII

Anh. 10: Selbst entwickeltes Dienstleistungsinnovationsmanagementkonzept ... XIX

Anhang

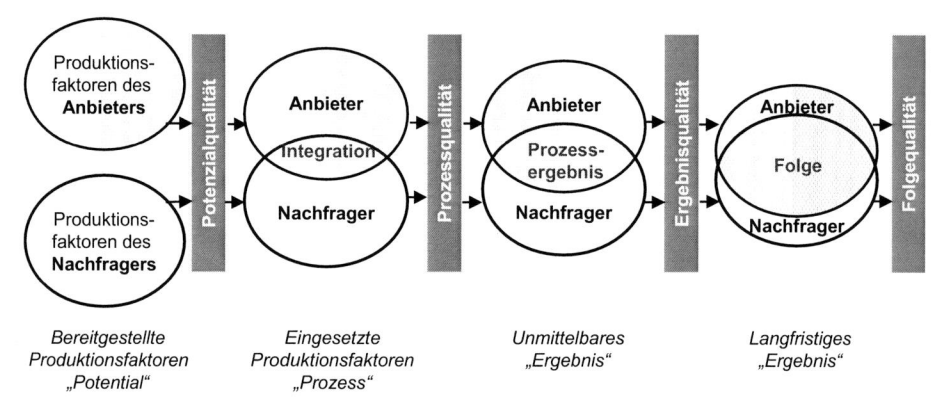

Anh. 1: Modell der Dienstleistungsproduktion und –transaktion
Quelle: In Anlehnung an Meyer/Mattmüller 1987

Labels im Diagramm (von links nach rechts):
- Produktionsfaktoren des **Anbieters** / Produktionsfaktoren des **Nachfragers** → *Potenzialqualität*
- **Anbieter** / **Nachfrager** mit Integration → *Prozessqualität*
- **Anbieter** / **Nachfrager** mit Prozessergebnis → *Ergebnisqualität*
- **Anbieter** / **Nachfrager** mit Folge → *Folgequalität*

Unter den Ellipsen:
- *Bereitgestellte Produktionsfaktoren* „Potential"
- *Eingesetzte Produktionsfaktoren* „Prozess"
- *Unmittelbares* „Ergebnis"
- *Langfristiges* „Ergebnis"

Kategorisierung bedeutender Definitionen des Begriffes "Innovation"	
1. Innovation als neuartige Produkte oder Prozesse der Tatsache und dem Ausmaß der Neuartigkeit nach	"An innovation is ... any thought, behaviour or thing that is **new** because it is **qualitatively different from existing forms**" (Barnett 1953, S. 7).
	"Die Innovation ist eine **signifikante Änderung im Status Quo** eines sozialen Systems, welche gestützt auf neue Erkenntnisse, soziale Verhaltensweisen, Materialien und Maschinen, eine direkte und/oder indirekte Verbesserung innerhalb und/oder außerhalb des Systems zum Ziele hat. Die Systemziele selbst können auch Gegenstand der Innovation sein" (Aregger 1976, S. 118).
2. Innovation als Produktion oder Prozesse der Erstmaligkeit nach	"When an enterprise produces a good or service or uses a method or input that is new to it, it makes a technical change. The **first enterprise** to make a given technical change is an innovator. Its action is innovation" (Schmookler 1966, S. 2).
	"Als Innovationen sollen alle Änderungsprozesse bezeichnet werden, die die Organisation **zum ersten Mal** durchführt" (Kieser HWO 1969, Sp. 742).
	"An innovation is an invention brought to its **first use**, its **first introduction** into the market" (Vedin 1980, S. 22).
3. Innovation als neuartige Produkte und Prozesse der Wahrnehmung nach	"An innovation is an idea, practice or object that **is perceived as new** by an individual or other unit of adaption. It matters little, so far as human behaviour is concerned, whether or not an idea is 'objectively' new .... The perceived unit of the idea for the individual determines his or her reaction to it. If the idea seems new to the individual, it is an innovation" (Rogers 1983, S. 11).
	"We consider as an innovation any idea, practice, or material artefact **perceived to be new** by the relevant unit of adaption. The adapting unit can vary from a single individual to a business firm, a city, or a state legislature" (Zaltman/Duncan/Holbeck 1984, S. 10).

4. Innovation als neuartige Kombination von Zweck und Mittel	"Daraus wird deutlich, daß (sic) mit Innovation eigentlich das **Ergebnis zweier Prozesse** beschrieben wird. Auf der einen Seite steht der potentielle Wandel der Verfügbarkeit bzw. des Angebots von Problemlösungen durch neue Ideen, Erfindungen und Entdeckungen, auf der anderen Seite die Nachfrage nach Problemlösungen, die ebenfalls veränderlich ist. Werden beide Seiten zur Deckung gebracht, also eine Anwendung bzw. Verwendung erreicht bzw. durchgesetzt, wobei auf mindestens einer Seite etwas 'Neues' auftrifft, so spricht man von Innovation" (Pfeiffer/Staud 1975, Sp. 1943 ff.).
	"Most generally, innovation can be seen as the synthesis of a market **need with the means** to achieve and produce a product to meet that need" (Moore/Tushman 1982, S. 132).
	"Innovation is a process whereby new ideas are put into practice. ... To be more specific it is the process of **matching the problems (needs)** of systems **with solutions** which are new and relevant to those needs" (Rickards 1985, S. 10 f., 28 f.).
5. Innovation als Verwertung neuartiger Produkte oder Prozesse	"Innovation = **invention + exploitation**. The invention process covers all efforts aimed at creating new ideas and getting them to work. The exploitation process includes all stages of commercial development, application, and transfer, including the focussing of ideas or inventions towards specific objectives, evaluating those objectives, downstream transfer of research and/or development results, and the eventual broad-based utilization, dissemination, and diffusion of the technology based outcomes" (Roberts 1987, S. 3).
	"Liegt eine Erfindung vor und verspricht sie wirtschaftlichen Erfolg, so werden Investitionen für die Fertigungsvorbereitung und die Markterschließung erforderlich, Produktion und Marketing müssen in Gang gesetzt werden. Kann damit die **Einführung auf dem Markt** erreicht werden oder ein **neues Verfahren eingesetzt** werden, so spricht man von einer Produktinnovation oder einer Prozeßinnovation (sic)" (Brockhoff 1992, S. 287).
6. Innovation als Prozess	"Unter einer Innovation soll hier der gesamte Prozeß (sic) der Erforschung, Entwicklung und Anwendung einer Technologie verstanden werden. Dieser Prozeß (sic) besteht definitionsgemäß also aus mehreren logisch aufeinander folgenden Phasen (Subprozessen), die sich analytisch unterscheiden lassen" (Uhlmann 1978, S. 41).
	"Innovation from idea generation to problem-solving to commercialization is a **sequence** of organizational and individual behaviour patterns connected by formal resource allocation decision points" (Goldhar 1980, S. 284).
	"Innovation concerns the search for, and discovery, experimentation, development, imitation, and adaption of new products, new production processes and new organizational set-ups" (Dosi 1988, S. 222).
7. Innovation als neuartige Dienstleistungen jenseits industrieller Produkte und Prozesse	"Unter Innovationen werden pauschal betrachtet Neuerungen verstanden. Dabei können insbes. **Finanzinnovationen** ... , Sozialinnovationen ... , **Marktinnovationen** ... , Organisationsinnovationen ... , **Produktinnovationen** und **Verfahrensinnovationen** (Prozeßinnovationen) (sic) unterschieden werden" (Chiemlewicz 1991, S. 84).
	"Innovation is defined as adoption of an internally generated or purchased **device, system, policy, program, process, product** or **service** that is new to the adopting organization" (Damanpour 1991, S. 556).

Anh. 2: Kategorisierung bedeutender Definitionen des Innovationsbegriffes
Quelle: Quelle: Hauschild/Salomo 2007, S. 4 ff.

Bruttowertschöpfung in Prozent

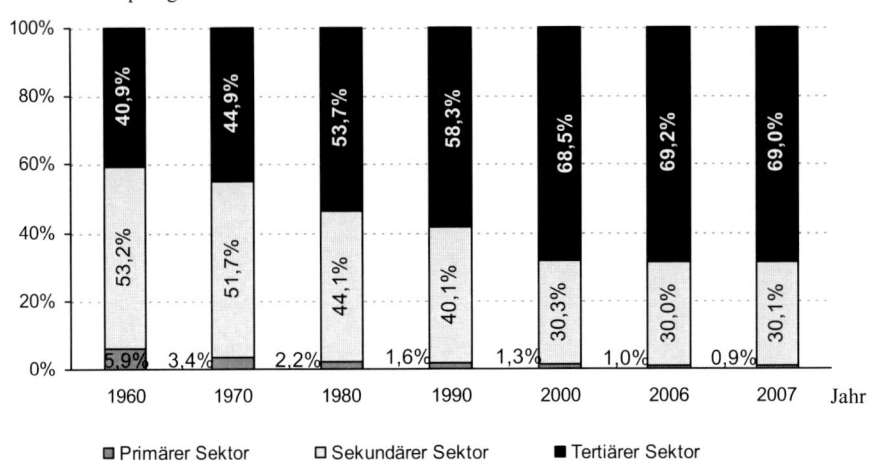

Jahr	Primärer Sektor	Sekundärer Sektor	Tertiärer Sektor
1960	5,9%	53,2%	40,9%
1970	3,4%	51,7%	44,9%
1980	2,2%	44,1%	53,7%
1990	1,6%	40,1%	58,3%
2000	1,3%	30,3%	68,5%
2006	1,0%	30,0%	69,2%
2007	0,9%	30,1%	69,0%

Anh. 3: Deutsche Bruttowertschöpfung nach Wirtschaftsbereichen
Quelle: In Anlehnung am Institut der deutschen Wirtschaft 2009, S. 20;
Statistisches Bundesamt Deutschland 2009

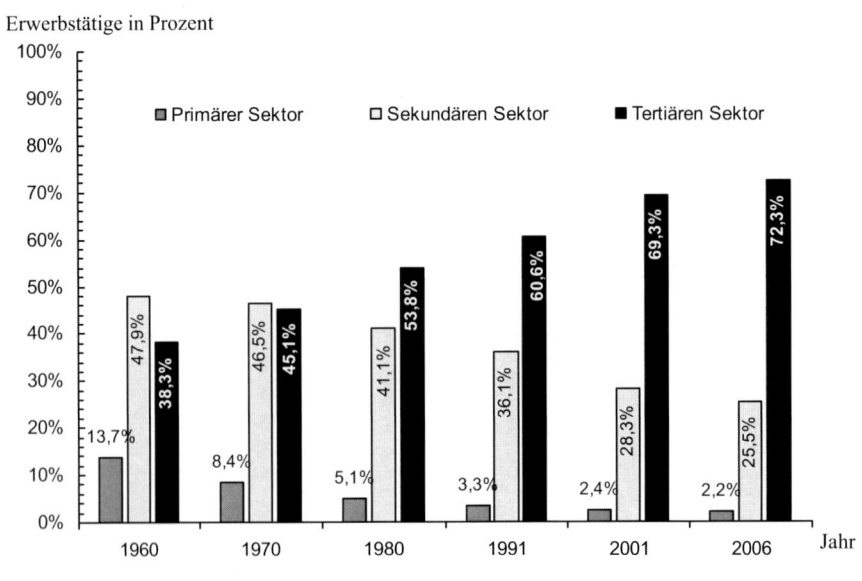

Erwerbstätige in Prozent

Jahr	Primärer Sektor	Sekundären Sektor	Tertiären Sektor
1960	13,7%	47,9%	38,3%
1970	8,4%	46,5%	45,1%
1980	5,1%	41,1%	53,8%
1991	3,3%	36,1%	60,6%
2001	2,4%	28,3%	69,3%
2006	2,2%	25,5%	72,3%

Anh. 4: Erwerbstätige in Deutschland nach Wirtschaftsbereichen
Quelle: In Anlehnung an die Bundeszentrale für politische Bildung 2008, S. 115

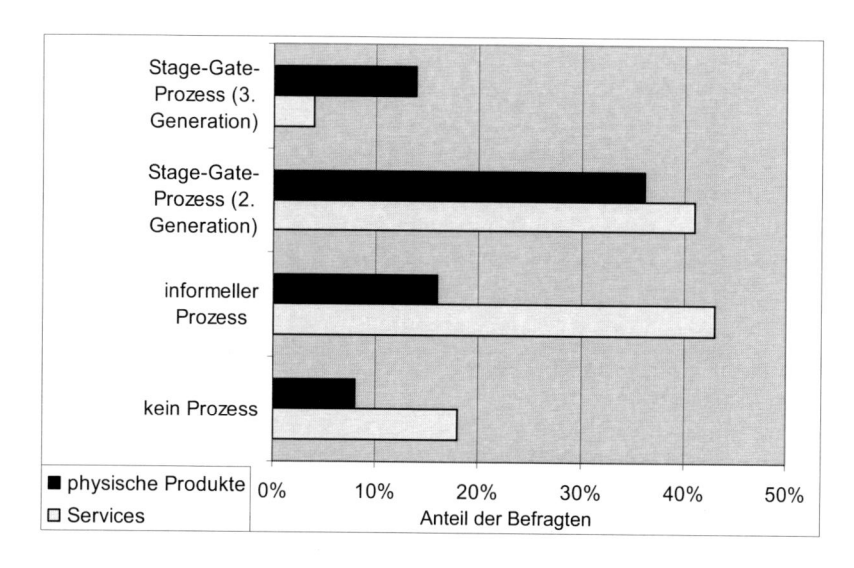

Anh. 5: Verbreitung von Innovationsprozessen: physische Produkte versus Services
Quelle: Cooper/Edgett (1999), S. 32

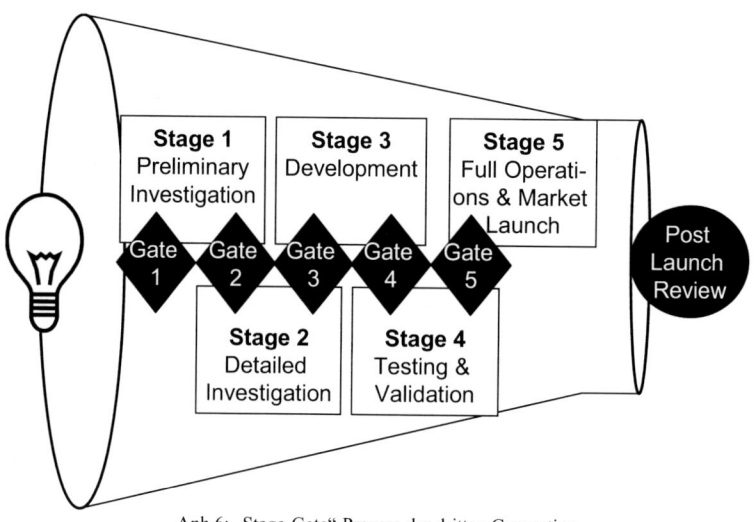

Anh.6: „Stage-Gate"-Prozess der dritten Generation
Quelle: In Anlehnung an Cooper 1996, S. 479

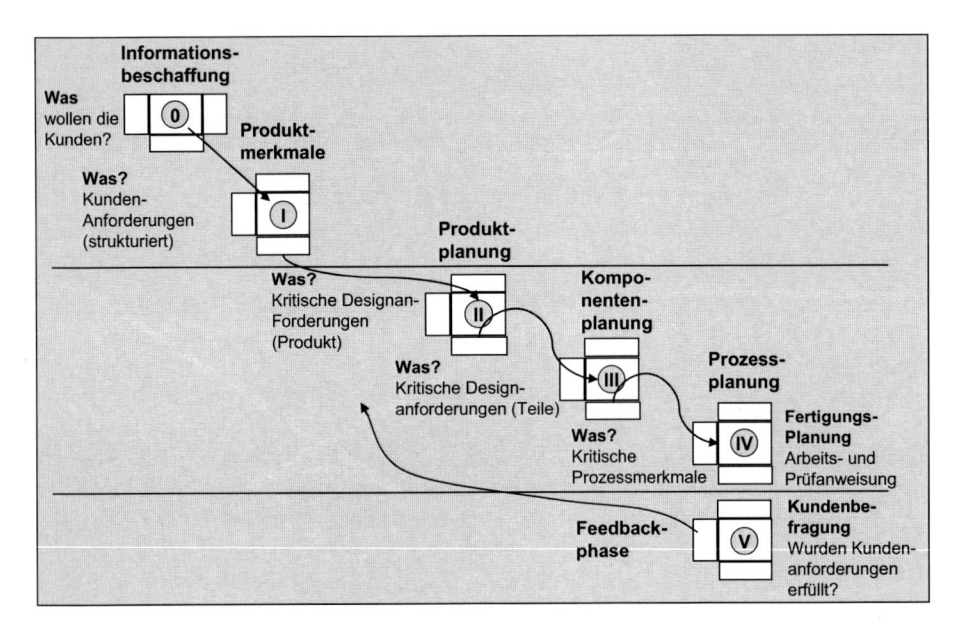

Anh.7: Fünf-Phasen-Modell nach Saatweber
Quelle: In Anlehnung an Saatweber 2007, S. 70

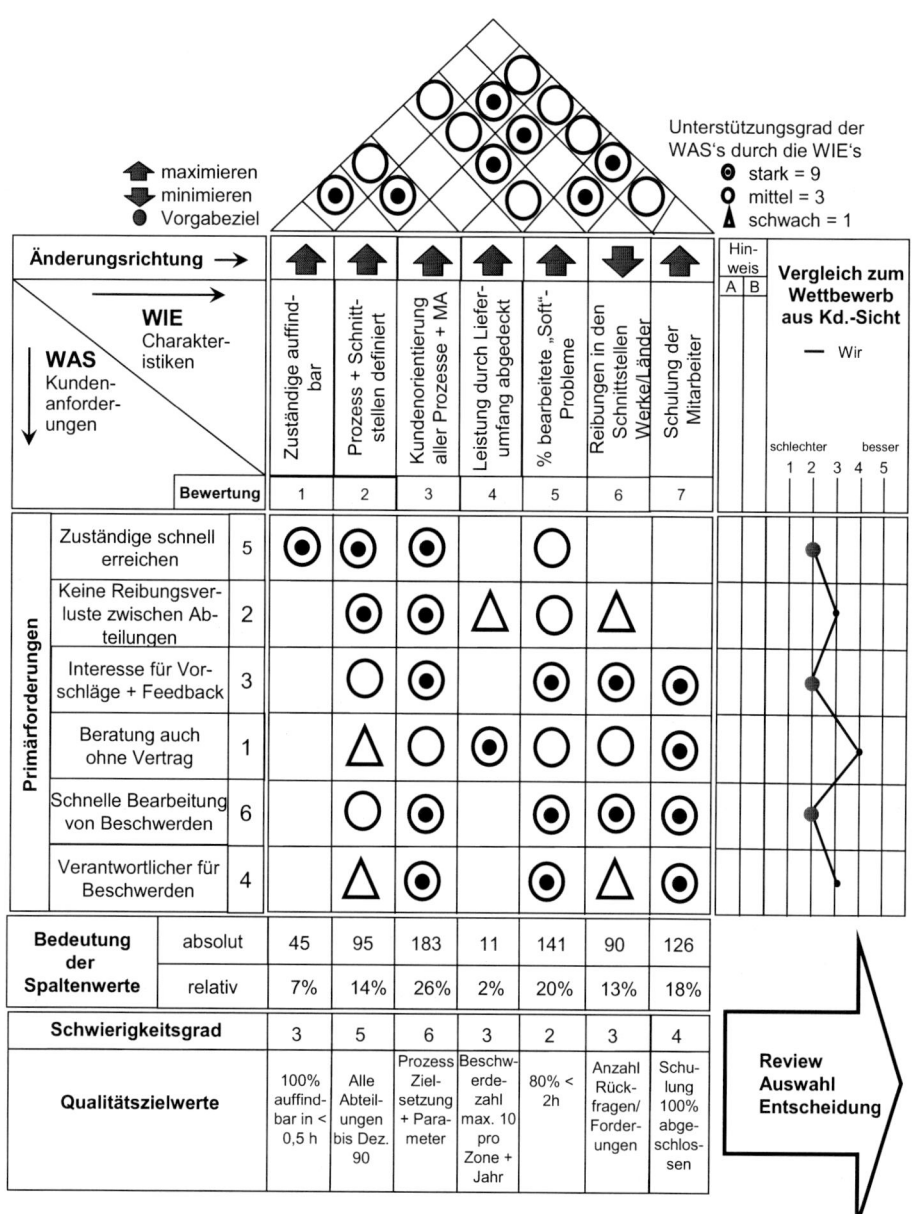

Anh. 8: Erstes „House of Quality" des „Service-QFD-Prozesses" am Beispiel eines amerikanischen IT-Unternehmens zum Thema Kommunikationsverbesserung zwischen Kunden und Lieferanten
Quelle: In Anlehnung an Saatweber 2007, S. 266

XVII

			WIE Prozesselemente →	Lokale Problemaufnahme + Weiterleitung an Koordinator	Bearbeitung durch Koordinationsstellen, Terminierung + Feedback	Koordinator →Werke, Bearbeitung + Feedback an Koordinator	Systeme für interne Kommunikation Termine + Feedback	Systeme für Statistik/Bericht	Dokumentation der Elemente „Kunden-Feedback-System"	Schulungsunterlagen	Prozessparameter	Eskalationsprozess	Review-Plan
	WAS Anforderungen ↓		Bewertung	1	2	3	4	5	6	7	8	9	10
Kommunikation	% bearbeitete „Soft"-Probleme	6		◉	◉	◉	○	△	◉	○	△	○	○
	Bedeutung			54	54	54	18	6	54	18	6	18	18
	Zielwerte Unterstützungsgrad der WAS's durch die WIE's ◉ stark = 9 ○ mittel = 3 △ schwach = 1			0% vollständige Lieferung	< 2 Tage	< 15 Tage	< 2.000 EUR pro Analyst	< 500 EUR pro Analyst	Rückfragen < 5%	Kein lokaler Mehraufwand	Monatlicher Bericht	< 30 Tage	Review p.a.

Anh. 9: Zweites „House of Quality" des „Service-QFD-Prozesses" am Beispiel eines amerikanischen IT-Unternehmens zum Thema Kommunikationsverbesserung zwischen Kunden und Lieferanten
Quelle: In Anlehnung an Saatweber 2007, S. 267

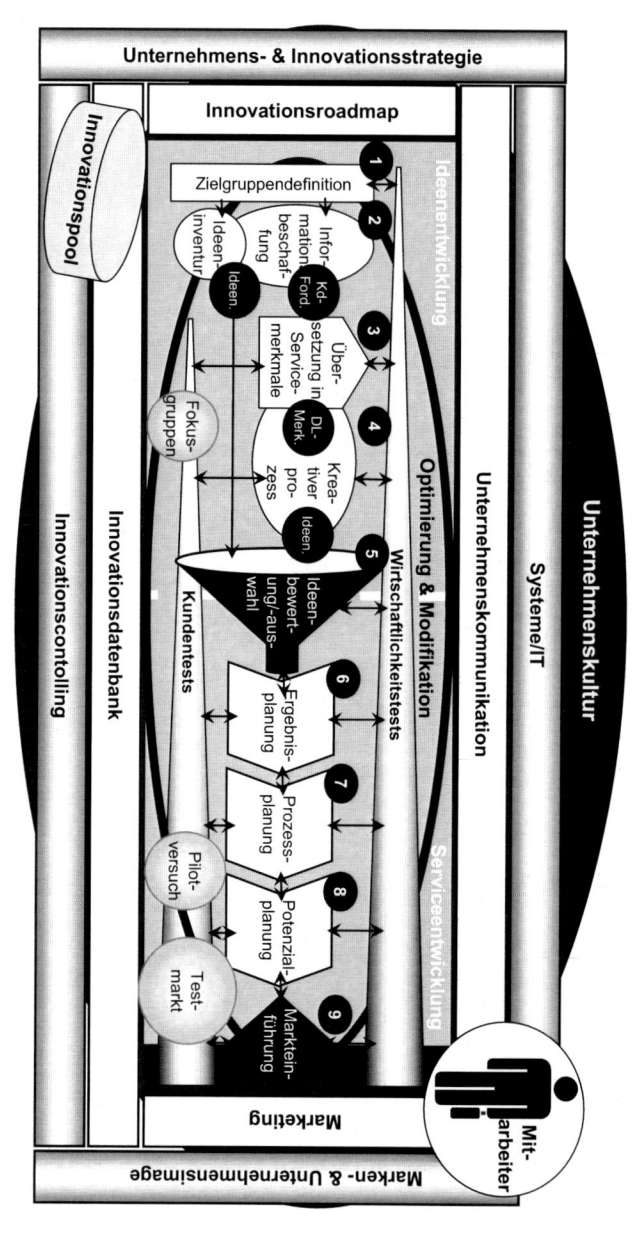

Anh. 10: Selbst entwickeltes Dienstleistungsinnovationsmanagementkonzept
Quelle: Eigene Darstellung

XIX

Literaturverzeichnis

Adams, R./Bessant, J./Phelps, R. (2006): Innovation management measurement: a review, in: International Journal of Management Reviews, 8. Jg., Nr. 1, S. 21-47.

Akao, Y. (1972): New product development and quality assurance: quality deployment system, in: Standardization and Quality Control, 25. Jg., Nr. 4, S. 7-14.

Akao, Y. (1992): QFD - Quality Function Deployment: Wie die Japaner Kundenwünsche in Qualität umsetzen, Landsberg.

Akao, Y./Mazur, G.H. (2003): The leading edge in QFD: past, present and future, in: International Journal of Quality & Reliability Management, 20. Jg., Nr. 1, S. 20-35.

Aregger, K. (1976): Innovation in sozialen Systemen – Einführung in die Innovationstheorie der Organisation, Bern u.a.

ASI (1989): Quality Function Deployment, Three Day Workshop Version 3.1, Michigan

Bailon, F./Hinterhuber, H.H./Matzler, K./Sauerwein, E. (1996): Das Kano-Modell der Kundenzufriedenheit, in: Marketing Zeitung für Forschung und Praxis, 18. Jg., Nr. 2, S. 117-126.

Barnett, H.G. (1953): Innovation: The Basis of Cultural Change, New York.

Barras, R. (1986): Towards a Theory of Innovations in Services, in: Research Policy, 15. Jg., Nr. 3, S. 161-173.

Bateson, J.E.G. (1992): Perceived Control and the Service Encounter, in: Bateson, J.E.G. (Hrsg.): Managing Services Marketing, 2. Aufl., Orlando, S. 123-132.

Béltramini, R.F./Sirsi, A.K. (1992): Physician Information Acquisition and Believability, in: Journal of Health Care Marketing, 12. Jg., Nr. 4, S. 52-59.

BenkenJ.S., M. (2001): Besonderheiten des Innovationsmanagements in Dienstleistungsunternehmen, in: Bruhn, M./Meffert, H. (Hrsg.): Handbuch Dienstleistungsmanagement. Von der strategischen Konzeption zur praktischen Umsetzung, 2. Aufl., Wiesbaden, S. 687-704.

BenkenJ.S., M./J.S.er, S. (2004): Formen von Dienstleistungsinnovationen, in: Bruhn, M./Stauss, B. (Hrsg.): Dienstleistungsinnovationen, Wiesbaden, S. 27-43.

Bennett, R.C./Cooper, R.G. (1979): Beyond the Marketing Concept, in: Business Horizons, 22. Jg., Nr. 3, S. 76-83.

Berekoven, L. (1974): Der Dienstleistungsbetrieb: Wesen – Struktur – Bedeutung, Wiesbaden.

Berry, L.L. (1980): Services Marketing is Different, in: Business, 30. Jg., Nr. 3, S. 24-29.

Bitner, M.J. (1992): Servicescapes: The Impact of Physical Surroundings on Customers and Employees, in: Journal of Marketing, 56. Jg., Nr. 2, S. 57-71.

Bitner, M.J./Booms, B.H./Tetreault, M.S. (1990): The Service Encounter: Diagnosing Favorable and Unfavorable Incidents, in: Journal of Marketing, 54. Jg., Nr. 1, S. 71-84.

Bitner, M.J. (2009): So What Is Really Innovative about Service Innovation Research?: Perspectives of a Cross-Disciplinary and Global Panel of Business and Academic Thought Leaders, Vortrag und Fragerunde der QUIS 11 Konferenz, 12.06.2009, Wolfsburg.

Bläsing, J.P. (1988): QFD – Quality Function Deployment – The House of Quality, in: Tagungsband 2. Qualitätsleiterforum, München.

Boutellier, R. (1999): Qualitätsplanung, in: Masing, W.: Handbuch Qualitätsmanagement, 4. Aufl., München u.a.

Boutellier, R./Gassmann, O. (2006): Flexibles Management von Innovationsprojekten, in: Gassmann, O./Kobe, C. (Hrsg.): Management von Innovation und Risiko: Quantensprünge in der Entwicklung erfolgreich managen, 2. Aufl., Berlin.

Brockhoff, K. (1992): Überwachung der Forschung und Entwicklung, in: Coenenberg, A.G./Wysocki, K. v. (Hrsg.): F&E-Management in der Pharma-Industrie, Aulendorf, S. 287-300.

Bruhn, M. (1982): Konsumentenzufriedenheit und Beschwerden: Erklärungsansätze und Ergebnisse einer empirischen Untersuchung in ausgewählten Konsumbereichen, in: Schriften zum Marketing, Bd. 4, Frankfurt am Main

Bruhn, M. (2008): Qualitätsmanagement für Dienstleistungen: Grundlagen, Konzepte, Methoden, 7. Aufl., Berlin u.a.

Bühner, R. (1993): Der Mitarbeiter im Total Quality Management, Düsseldorf u.a.

Bullinger, H.J. (Hrsg.) (2002): Technologiemanagement – Forschen und Arbeiten in einer vernetzten Welt, Berlin.

Bullinger, H.J./Schreiner, P. (2006): Service Engineering: Ein Rahmenkonzept für die systematische Entwicklung von Dienstleistungen, in: Bullinger, H.-J./Scheer, A.-W. (Hrsg.): Service Engineering. Entwicklung und Gestaltung innovativer Dienstleistungen, Berlin u.a., S. 53-84.

Bundeszentrale für politische Bildung (2008): Datenreport 2008: Ein Sozialbericht für die Bundesrepublik Deutschland, elektronisch veröffentlicht unter der URL: http://www.destatis.de/jetspeed/portal/cms/Sites/destatis/Internet/DE/Content/Publikatio nen/Querschnittsveroeffentlichungen/Datenreport/Downloads/Datenreport2008Arbeitsm arkt,property=file.pdf, abgerufen am 22.07.2009

Burr, W. (2007): Erscheinungsformen, Bedeutung und betriebswirtschaftliche Potenziale von Dienstleistungsinnovationen, in: Schmidt, K./Gleich, R./Richter, A. (Hrsg.): Innovationsmanagement in der Serviceindustrie: Grundlagen, Praxisbeispiele und Perspektiven, 1. Aufl., Freiburg u.a., S. 73-92.

Business-wissen.de (2008): Kundenbegeisterung: Einfühlsame Mitarbeiter machen Kunden zu Fans, elektronisch veröffentlicht unter der URL: http://www.business-wissen.de/nc/marketing/kundenorientierung/fachartikel/kundenbegeisterung-einfuehlsame-mitarbeiter-machen-kunden-zu-fans.html, abgerufen am 20.08.09.

Call, G. (1997): Entstehung und Markteinführung von Produktneuheiten: Entwicklung eines prozeßintegrierten Konzepts, in: Meffert, H. (Hrsg.)/Steffenhagen, H. (Hrsg.)/Freter, H. (Hrsg.) (1997): Unternehmensführung und Marketing, Bd. 33, Wiesbaden.

Cauchick Miguel, P.A. (2005): Evidence of QFD best practices for product development: a multiple case study, in: International Journal of Quality & Reliability Management, 22. Jg., Nr. 1, S. 72-82.

Cheng, L.C. (2003): QFD in product development: methodological characteristics and a guide for intervention, in: International Journal of Quality & Reliability Management, 20. Jg., Nr. 1, S. 107-122.

Chiemlewicz, K. (1991): Unternehmensverfassung und Innovation, in: Müller-Böling, D./Seibt, D./Winand, U. (Hrsg.): Innovations- und Technologiemanagement, Festschrift für N. Szyperski, Stuttgart, S. 83-101.

Chun-Lang, C. (2006): Application of Quality Function Deployment Launches to Enhancing Nursing Home Service Quality, in: Total Quality Management & Business Excellence, 17. Jg., Nr. 3, S. 287-302.

Cina, C. (1989): Creating an Effective Customer Satisfaction Program, in: The Journal of Services Marketing, 3. Jg., Nr. 1, S. 5-14.

Cohen, L. (1988): Quality Function Deployment – An Application Perspective from Digital Equipment Corporation, in: National Productivity Review, 7. Jg., Nr. 3, S. 197-208.

Cooper, R.G. (1996): Overhauling the new product process, in: Industrial Marketing Management, 25. Jg., Nr. 6, S. 465-482.

Cooper, R.G./Edgett, S.J. (1999): Product development for the service sector: lessons from market leaders, Cambridge u.a.

Cooper, R.G./Kleinschmidt, E.J. (1991): New product processes at leading industrial firms, in: Industrial Marketing Management, 20. Jg., Nr. 2, S. 137-147.

Corsten, H. (Hrsg.)/Gössinger, R. (2007): Dienstleistungsmanagement, 5. Auflage, München.

Cupok, U. (2004): Dienstleistungsinnovationen durch Unternehmensnetzwerke. Am Beispiel kleiner und mittelständischer Unternehmen in Baden, Hamburg.

Damanpour, F. (1991): Organizational Innovation: A Meta-Analysis of Effects of Determinants and Moderators, in: Academy of Management Journal, Jg. 34, Nr. 3, S. 555-590.

Darby, M.R./Karni, E. (1973): Free Competition and the Optimal Amount of Fraud, in: Journal of Law and Economics, 16. Jg., Nr. 1, S. 67-86.

Darkow, I.-L. (2007): Bewertung, Auswahl und Entwicklung von Ideen, in: Schmidt, K./Gleich, R./Richter, A. (Hrsg.): Innovationsmanagement in der Serviceindustrie: Grundlagen, Praxisbeispiele und Perspektiven, 1. Aufl., Freiburg u.a., S. 127-138.

De Brentani, U. (1991): Success Factors in Developing New Business Services, in: European Journal of Marketing, 25. Jg., Nr. 2, S. 33-59.

Demmer, K. (2005): Mittelständische Unternehmen sichern das Innovations-Niveau: Standpunkt: IKB-Chefvolkswirt Kurt Demmer diagnostiziert Reformbedarf bei der Innovationspolitik, in: VDI Nachrichten, o.Jg., Nr. 24, S. 15.

DGQ (2001): QFD – Quality Function Deployment: ausgearbeitet von der Arbeitsgruppe 132, DGQ-Bd. 13-21, Beuth.

Dickinson, B. (1995): QFD: setting up for success, in: World Class Design to Manufacture, 2. Jg., Nr. 5, S. 43-45.

DIHK (2002): Industrie- und Dienstleistungsstandort Deutschland: Zur Vernetzung von Industrie und Dienstleistungen, Berlin.

DIHK (2008): Best-Practice-Beispiele „Demografischer Wandel" Einzelhandel, Dienstleistungen & Tourismus, elektronisch veröffentlicht unter der URL: http://cms.ihksaarland.de/ihk-saarland/Integrale?SID=CRAWLER&MODULE=Frontend.Media&ACTION=ViewMediaObject&Media.PK=1647&Media.Object.ObjectType =full, abgerufen am 14.09.2009.

DIN (Hrsg.) (1998): Service Engineering: Entwicklungsbegleitende Normung (EBN) für Dienstleistungen, in: DIN-Fachbericht Nr. 75, Berlin.

Dolfsma, W. (2004): The process of new service development – issues of formalization and appropriability, ERIM Report Series Research in Management ERS-2004-051-ORG, Rotterdam.

Donges, J.B./Eekhoff, J./Franz, W./Fuest, C./Möschel, W./Neumann, J.M. (2007): Dienstleistungsmärkte in Europa weiter öffnen, Stiftung Marktwirtschaft, Bd. 45, Berlin.

Dosi, G. (1988): The nature of the innovative process, in: Dosi, G./Freeman, C./Nelson, R./Silverberg, G./ Soete, L. (Hrsg.): Technical change and economic theory, London u.a., S. 221-238.

Drejer, L. (2004): Identifying innovation in surveys of services: a Schumpeterian perspective, in: Research Policy, 33. Jg., Nr. 3, S. 551-562.

Drucker, P.F. (1998): The discipline of innovation, Harvard Business Review, 76. Jg., Nr. 6, S. 149-157.

Edgett, S./Parkinson, S. (1994): The Development of New Financial Services: Identifying Determinants of Success an Failure, in: International Journal of Service Industry Management, 5. Jg., Nr. 4, S. 24-38.

Edvardsson, B./Enquist, B. (2002): ‚The IKEA Saga': How Service Culture Drives Service Strategy, in: Service Industries Journal, 22. Jg., Nr. 4, S. 153–186.

Egner, H./Hoffmann, J. (1995): QFD-Einsatz in der Praxis, in: QZ – Qualität und Zuverlässigkeit, 40. Jg., Nr. 4, S. 446-450.

Enkel, E. (2005): Chancen und Risiken der Kundenintegration, in: Gassmann, O./Kobe, C. (Hrsg.): Management von Innovation und Risiko: Quantensprünge in der Entwicklung erfolgreich managen, 2. Aufl., Berlin, S. 171-186.

Enkel, E./Kausch, C./Gassmann, O. (2005): Managing the Risk of Customer Integration, in: European Management Journal, 23. Jg., Nr. 2, S. 203-213.

Evangelista, R. (2000): Sectoral patterns of technological change in services, in: Journal of Economic Innovation and New Technology, 9. Jg., o.Nr., S. 183-221.

Feigenbaum, A.V. (1961): Total Quality Control: Engineering and Management, New York.

Fink, D./Hartmann, M. (2009): Das Missing-Link-Prinzip: Schließen Sie die Lücke zwischen Strategie und Umsetzung!, München.

Flood, R.L. (1993): Beyond TQM, Chichester u.a.

Fluri, H./Stetenfeld, A. (2007): Innovationsmanagement in der Serviceindustrie: Die Bedeutung von Serviceinnovation für die Logistik – das Beispiel DPD, in: Schmidt, K./Gleich, R./Richter, A. (Hrsg.): Innovationsmanagement in der Serviceindustrie: Grundlagen, Praxisbeispiele und Perspektiven, 1. Aufl., Freiburg u.a., S. 275-294.

Frauendorf, J. (2004): Die Nutzung kognitiver Skripte für die Dienstleistungsentwicklung, in: Bruhn, M./Stauss, B. (Hrsg.): Dienstleistungsinnovationen: Forum Dienstleistungsmanagement, Wiesbaden, S. 203-225.

Freitag, M. (2004): Schnittstellenmanagement bei der Organisation der Dienstleistungsentwicklung, in: Luczak, H./Reichwald, R./Spath, D. (Hrsg.): Service Engineering in Wissenschaft und Praxis, Wiesbaden, S. 95-122.

Frey, D./Streicher, B./Kerschreiter, R./Fischer, P. (2005): Psychologische Voraussetzung für die Genese und Implementierung neuer Ideen, in: Weissenberger-Eibl, M.A. (Hrsg.): Gestaltung von Innovationssystemen, Kassel, S. 101-135.

Friedman, M.L./Smith, L.J. (1993): Consumer Evaluation Processes in a Service Setting, in: Journal of Services Marketing, 7. Jg., Nr. 2, S. 47-61.

Gallouj, F./WeinJ.S., O. (1997): Innovation in Services, in: Research Policy, 26. Jg., Nr. 4/5, S. 537-556.

Garád, C. (2009): Umfrage zu Erfolgsfaktoren der Innovationsorganisation, elektronisch veröffentlicht unter der URL: http://www.innovations-report.de/html/berichte/studien/umfrage_erfolgsfaktoren_innovationsorganisation_125728.html, abgerufen am 01.08.2009.

Gausemeier, J./Herbst, M./Eilerts, M. (2007): Dienstleistungsinnovationen durch Vorausschau und Innovationsmanagement, in: in: Schmidt, K./Gleich, R./Richter, A. (Hrsg.): Innovationsmanagement in der Serviceindustrie: Grundlagen, Praxisbeispiele und Perspektiven, 1. Aufl., Freiburg u.a., S. 357-372.

Glos, M. (2007): Grußwort des Bundesministers für Wirtschaft und Technologie: Für das Buchprojekt "Innovationsmanagement in der Serviceindustrie" der European Business School (EBS) und DEKRA, in: Schmidt, K./Gleich, R./Richter, A. (Hrsg.): Innovationsmanagement in der Serviceindustrie: Grundlagen, Praxisbeispiele und Perspektiven, 1. Aufl., Freiburg u.a., S. 5.

Gogoll, A. (2000): Service-QFD: Quality Function Deployment im Dienstleistungsbereich, in: Bruhn, M./Stauss, B. (Hrsg.): Dienstleistungsqualität: Konzepte – Methoden – Erfahrungen, 3. Aufl., S. 365-377.

Goldhar, J.L. (1980): Some modest Conclusion, in: Dean, B./Goldhar, J.L. (Hrsg.): Management of Research and Innovation, Amsterdam u.a., S. 283-284.

Gouthier, M.H.J. (2003): Kundenentwicklung im Dienstleistunsbereich, Wiesbaden.

Griffin, A. (1992): Evaluating QFD's use in us firms as a process for developing products, in: Journal of Product Innovation Management, 9. Jg., Nr. 2, S. 171-187.

Haller, S. (2005): Dienstleistungsmanagement, 3. Aufl., Wiesbaden.

Hammer, M. (1990): Reeingineering Work: Don't Automate, Obliterate, in: Harvard Business Review, 68. Jg., Nr. 4, S. 104-112.

Hammer, M./Champy, J. (1996): Business Reengineering: Die Radikalkur für das Unternehmen, 6. Aufl., Frankfurt am Main u.a.

Han, S.B./Chen, S.K./Ebrahimpour, M./Sodhi, M.S. (2001): A conceptual QFD planning model, in: International Journal of Quality & Reliability Management, 18. Jg., Nr. 8, S. 796-812.

Hansen, U./Jeschke, K./Schöber, P. (1995): Beschwerdemanagement – Die Karriere einer kundenorientierten Unternehmensstrategie im Konsumgütersektor, in: Marketing Zeitschrift für Forschung und Praxis, 17. Jg., Nr. 2, S. 77-88.

Hansen, U./Schoenheit, I. (Hrsg.) (1987): Verbraucherzufriedenheit und Beschwerdeverhalten, Frankfurt am Main u.a.

Hauschildt, J./Salomo S. (2007): Innovationsmanagement, 4. Auflage, München.

Hauser, J.R./Clausing, D. (1988): The House of Quality, in: Harvard Business Review, 66. Jg., Nr. 3, S. 63-73.

Hennerici, M./Neumann, M. (2007): Serviceinnovationen bei Voith, in: Schmidt, K./Gleich, R./Richter, A. (Hrsg.): Innovationsmanagement in der Serviceindustrie: Grundlagen, Praxisbeispiele und Perspektiven, 1. Aufl., Freiburg u.a., S. 295-308.

Hennig, B. (2001): Prozessorientiertes Qualitätsmanagement von Dienstleistungen: Ein informationswissenschaftlicher Ansatz, Wiesbaden.

Hentschel, B. (1992): Dienstleistungsqualität aus Kundensicht: vom merkmals- zum ereignisorientierten Ansatz, Wiesbaden.

Herstatt, C./von Hippel, E. (1992): From Experience: Developing New Product Concepts Via the Lead User Method: A Case Study in a "Low Tech" Field, Journal of Product Innovation Management, 9. Jg., Nr. 3, S. 213-221.

Herzberg, F. (1966): Work and the Nature of Man, New York.

Herzberg, F. (2003): Was Mitarbeiter in Schwung bringt, in: Harvard Business Manager, o.Jg., o.Nr., Spezial Motivation: Was Manager und Mitarbeiter antreibt, S. 50-62.

Herzhoff, S. (1991): Innovations-Management: Gestaltung von Prozessen und Systemen zur Entwicklung und Verbesserung der Innovationsfähigkeit von Unternehmungen, Bergisch Gladbach.

Herzwurm, G./Mellis, W./Stelzer, D. (1995): QFD unterstützt Software-Design, in: QZ – Qualität und Zuverlässigkeit, 40. Jg., Nr. 3, S. 304-308.

Hipp, C./Tether, B.S./Miles, I. (2003): Effects of Innovation in Standardised, Customized and Bespoke Services: Evidence from Germany, in: Tidd, J./Hull, F.M. (Hrsg.): Service Innovation: Organizational Response to Technological Opportunities & Market Imperatives, London, S. 81-112.

Hipp, C./Verworn, B. (2007): Management des Innovationsprozesses in der Serviceindustrie – ein Überblick, in: Schmidt, K./Gleich, R./Richter, A. (Hrsg.): Innovationsmanagement in der Serviceindustrie: Grundlagen, Praxisbeispiele und Perspektiven, 1. Aufl., Freiburg u.a., S. 93-110.

Hövelmann, F./Obrikat, A./Otten H. (1995): Quality Function Deployment in der prozeßorientierten Fertigung anwenden, in: QZ - Qualität und Zuverlässigkeit, 40. Jg., Nr. 1, S. 61-66.

Homburg, Ch./Krohmer, H. (2006): Marketingmanagement, 2. Auflage, Wiesbaden.

Horovitz, J. (1992): Service entscheidet: Im Wettbewerb um den Kunden, 4. Aufl., Frankfurt am Main u.a.

Howelles, J. (2006): Where to from here for services innovation?, präsentiert auf der Knowledges Intensive Services Activities (KISA) Konferenz, am 22.03.2006, Sydney.

Hünerberg, R./Mann, A. (2004): Dialogkommunikation als Instrument des Innovationsmanagements in Dienstleistungsunternehmen, in: Bruhn, M./Stauss, B. (Hrsg.): Dienstleistungsinnovationen: Forum Dienstleistungsmanagement, Wiesbaden, S. 251-279.

Imai, M. (1994): KAIZEN: Der Schlüssel zum Erfolg der Japaner im Wettbewerb, 12. Aufl., München.

Institut der deutschen Wirtschaft (2009): Deutschland in Zahlen: Ausgabe 2009, Köln.

Kamiske, G.F./Malorny, M. (1994): Total Quality Management: Führen und Organisieren benötigt eine ganzheitliche, qualitätsorientierte Perspektive, in: Corsten, H. (Hrsg.): Handbuch Produktionsmanagement: Strategie – Führung – Technologie - Schnittstellen, Wiesbaden.

Kano, N./Seraku, N. (1984): Tsuji, in Attractive Quality and Must-be-Quality, in: Quality, 14. Jg., Nr. 2, S. 39-48.

Kelly, D./Storey, C. (2000): New Service Development: Initiation Strategies, in: International Journal of Service Industry Management, 11. Jg., Nr. 1, S. 45-62.

Kieser, A. (1969): Innovationen, in: Grochla, E. (Hrsg.): Handwörterbuch der Organisation, Stuttgart, Sp. 741-750.

Killen, C.P./Walker, M./Hunt, R.A. (2005): Strategic planning using QFD, in: International Journal of Quality & Reliability Management, 22. Jg., Nr. 1, S. 17-29.

King, B. (1994): Quality Function Deployment: Doppelt so schnell wie die Konkurrenz, 2. Aufl., Müchen u.a.

Kirchmann, E./Warschburger, V. (2003): Gemeinsam sind wir stärker: io New management, 72. Jg., Nr. 11, S. 42-49.

Klein, B. (1999): QFD – Quality Function Deployment: Konzept, Anwendung und Umsetzung für Produkte und Dienstleistungen, Renningen-Malmsheim.

Knowles, P.A./George, S.J./Pickett, G.M. (1993): Mood and the Service Customer, in: Journal of Services Marketing, 7. Jg., Nr. 4, S. 4-52.

Kuhlmann, E. (2001): Besonderheiten des Nachfragerverhaltens bei Dienstleistungen, in: Bruhn, M./Meffert, H. (Hrsg.): Handbuch Dienstleistungsmanagement: Von der strategischen Konzeption zur praktischen Umsetzung, 2. Aufl., Wiesbaden, S. 213-242.

Kunz, W.H./Mangold, M. (2004): Segmentierungsmodell für die Kundenintegration in Dienstleistungsinnovationsprozesse: Eine Anreiz-Beitrags-theoretische Analyse, in: in: Bruhn, M./Stauss, B. (Hrsg.): Dienstleistungsinnovationen: Forum Dienstleistungsmanagement, Wiesbaden, S. 327-355.

Leech, D.P./Link, A.N./Scott, J.T./Reed, L.S. (1998): The economics of a technology-based service sector, a planning report for: National Institute of Standards and Technology, Program Office, Strategic Planning and Economic Analysis Group, US Department of Commerce (NIST)

Littkemann, J./Holtrup, M. (2007): Evaluation von Dienstleistungsinnovationen – Möglichkeiten und Grenzen aus Sicht des Controllings, in: Schmidt, K./Gleich, R./Richter, A. (Hrsg.): Innovationsmanagement in der Serviceindustrie: Grundlagen, Praxisbeispiele und Perspektiven, 1. Aufl., Freiburg u.a., S. 199-222.

Little, A.D. (2004): Mit Innovation gegen Stagnation – Innovation Excellence Studie 2004, München.

Maleri, R./Frietzsche, U. (2008): Grundlagen der Dienstleistungsproduktion, 5. Aufl., Berlin, u.a.

McAdam, R./McCelland, J.(2002): Individual and Team-Based Idea Generation Within Innovation Management: Organisational and Research Agendas, in: European Journal of Innovation Management, 5. Jg., Nr. 2, S. 86-97.

Meffert, H./Bruhn, M. (1981): Beschwerdeverhalten und Zufriedenheit von Konsumenten, in: DBW – Die Betriebswirtschaft, 41. Jg., Nr. 4, S. 597-613.

Meffert, H./Bruhn, M. (2009): Dienstleistungsmarketing. Grundlagen – Konzepte – Methoden, 6. Aufl., Wiesbaden.

Meiren, T./Barth, T. (2002): Service Engineering in Unternehmen umsetzen – Leitfaden für die Entwicklung von Dienstleistungen, Fraunhofer-Institut für Arbeitswirtschaft und Organisation, Stuttgart.

Mengen, A. (1993): Konzeptgestaltung von Dienstleistungsprodukten: eine Conjoint-Analyse im Luftfrachtmarkt unter Berücksichtigung der Qualitätsunsicherheit beim Dienstleistungskauf, Stuttgart.

Menon, U./O'Grady, P.J./Gu, J.Z./Young, R.E. (1994): Quality function deployment: an overview, in: Syan, C.S./Menon, U. (Hrsg.): Concurrent Engineering: Concepts, Implementation and Practice, London, S. 91-99.

Meyer, A. (1991): Dienstleistungsmarketing, in: Die Betriebswirtschaft, 51. Jg., Nr. 2, S. 195-209.

Meyer, A. (1994): Dienstleistungs-Marketing: Erkenntnisse und praktische Beispiele, 6. Aufl., Augsburg.

Meyer, A. (1998): Dienstleistungs-Marketing: Grundlagen und Gliederung des Handbuches, in: Meyer, A. (Hrsg.): Handbuch Dienstleistungs-Marketing, Bd. 1, Stuttgart, S. 3-22.

Meyer, A./Blümelhuber, C. (1998): Dienstleistungs-Innovation, in: Meyer, A. (Hrsg.): Handbuch Dienstleistungs-Marketing, Bd. 1, Stuttgart, S. 807-826.

Meyer, A./Mattmüller, R. (1987): Qualität von Dienstleistungen: Entwurf eines praxisorientierten Qualitätsmodells, in: Marketing Zeitschrift für Forschung und Praxis, 9. Jg., Nr. 3, S. 187-195.

Mierzwa, M. (1995): Methodengestützte Produktentwicklungsprozesse: eine theoretische und empirische Analyse unter besonderer Berücksichtigung qualitätsgestaltender Instrumente, Frankfurt am Main, u.a.

Mihm, A. (2007): Dienstleister schaffen 450.000 neue Arbeitsplätze, in: Frankfurter Allgemeine Zeitung, o.Jg., Nr. 83, S. 13.

Miles, I. (2000): Services innovation: coming of age in the knowledge-based economy, in: International Journal of Innovation Management, 4. Jg., Nr. 4, S. 371-389.

Mizuno, S./Akao, Y. (Hrsg.) (1978): Quality Function Deployment: A Company-wide Quality Approach, Tokyo.

Mohr, L.A./Bitner, M.J. (1995): The Role of Employee Effort in Satisfaction with Service Transactions, in: Journal of Business Research, 32. Jg., Nr. 3, S. 239-252.

Monitor Group (2004): Industrial Services Strategies: The quest for faster growth and higher margins, München.

Moore, W.L./Tushman, M.L. (1982): Managing Innovation over the Product Life Cycle, in: Tushman, M.L./Moore, W.L. (Hrsg.): Readings in the Management of Innovation, Boston u.a., S. 131-150.

Murray, K.B. (1991): A Test of Services Marketing Theory: Consumer Information Acquisition Activities, in: Journal of Marketing, 55. Jg., Nr. 1, S. 10-25.

Nelson, P. (1970): Information and Consumer Behaviour, in: Journal of Political Economy, 18. Jg., Nr. 4, S. 311-329.

Normann, R. (1987): Dienstleistungsunternehmen, Hamburg.

Nijssen, E.J./Hillebrand, B./Vermeulen, P./Kemp, R.G.M. (2006): Exploring product and service innovation similarities and differences, in: Research Marketing, 23. Jg., Nr. 3, S. 241-251.

Oke, A. (2004): Barriers to Innovation: Management in Service Companies, in: Journal of Change Management, 4. Jg., Nr. 1, S. 31-44.

Oliver, R. L. (1997): Satisfaction: A Behavioural Perspective on the Consumer, New York, St. Louis u.a.

Olsen, N.V./Sallis, J. (2006): Market scanning for new service development, in: European Journal of Marketing, 40. Jg., Nr. 5/6, S. 466-484.

Oppermann, R. (1998): Marktorientierte Dienstleistungsinnovation. Besonderheiten von Dienstleistungen und ihre Auswirkungen auf ein abnehmerorientierte Innovationsgestaltung, Göttingen.

Osborn, A.E. (1966): Applied Imagination: Principles and Procedures of Creative Problem-Solving, 3. Aufl., New York.

Parasuraman, A./Zeithaml, V.A. (1983): Differential Perceptions of Suppliers and Clients of Industrial Services, in: Berry, L.L./Shostack, G.L./Upah, G.D. (Hrsg.): Emerging Perspectives on Services Marketing, Chicago, S. 35-39.

Pfeifer, T. (2001): Qualitätsmanagement: Strategien, Methoden, Techniken, 3. Aufl., München u.a.

Pfeiffer, W./Staudt, E. (1975): Innovation, in: Grochla, E./Wittmann, W. (Hrsg.): Handwörterbuch der Betriebswirtschaft, Stuttgart, Sp. 1943-1953.

Prasad, B. (1996): Concurrent Engineering Fundamentals: Integrated Product and Process Organisation, 1. Jg., New Jersey.

Presseportal Marktstudien.de (2009): BBDO Consulting-Studie: Krise verändert Kundenerwartungen nachhaltig, elektronisch veröffentlicht unter der URL: http://www.marktforschung.de/information/nachrichten/marktforschung/bbdo-consulting-studie-krise-veraendert-kundenerwartungen-nachhaltig/, abgerufen am 21.05.2009.

Prognos (2006): Deutschland Report 2030.

Reichwald, R./Schaller, C. (2006): Innovationsmanagement von Dienstleistungen – Herausforderungen und Erfolgsfaktoren in der Praxis, in: Bullinger, H.-J./Scheer, A.-W. (Hrsg.): Service Engineering. Entwicklung und Gestaltung innovativer Dienstleistungen, Berlin u.a., S. 167-194.

Reichwald, R./Möslein, K.M./Huff, A.S./Kölling, M./Neyer, A.-K. (2009a): Service Innovation, in: CLIC Executive Briefing, o.Jg., Nr. 9.

Reichwald, R./Möslein, K.M./Huff, A.S./Kölling, M./Neyer, A.-K. (2009b): Service Engineering, in: CLIC Executive Briefing, o.Jg., Nr. 10.

Reichwald, R./Möslein, K.M./Huff, A.S./Kölling, M./Neyer, A.-K. (2009c): Service Standardization, in: CLIC Executive Briefing, o.Jg., Nr. 12.

Richter A./Thiele M. (2007): Was unterscheidet innovative von nicht innovativen Dienstleistungsunternehmen? – Ein Überblick zum aktuellen Stand der Forschung, in: Schmidt, K./Gleich, R./Richter, A. (Hrsg.): Innovationsmanagement in der Serviceindustrie: Grundlagen, Praxisbeispiele und Perspektiven, Freiburg u.a., S. 47-72.

Rickards, T. (1985): Stimulating Innovation – A System Approach, London.

Riemer, M. (1986): Beschwerdemanagement, Frankfurt am Main u.a.

Roberts, E.B. (1987): Generating Technological Innovation, New York u.a.

Rogers, E. M. (1983): Diffusion of innovations, 3. Aufl., New York u.a.

Rohrbach, B. (1969): Kreativ nach Regeln: Methode 635, eine neue Technik zum Lösen von Problemen, in: Absatzwirtschaft: Zeitung für Marketing, 12. Jg., Nr. 12, S. 73-76.

Rosenberger, G. (2000): Messung der Dienstleistungsqualität durch die Stiftung Warentest, in: Bruhn, M./Stauss, B. (Hrsg.): Dienstleistungsqualität: Konzepte – Methoden – Erfahrungen, 3. Aufl., Wiesbaden, S. 341-359.

Rothlauf, J. (2004): Total Quality Management in Theorie und Praxis: zum ganzheitlichen Unternehmensverständnis, 2. Aufl., München u.a.

Rotter, J.B. (1966): Generalized Expectancies for Internal versus External Control of Reinforcement, in: Psychological Monographs, 80. Jg., Nr. 1, S. 1-28.

Rundquist, J./Chibba, A. (2004): The use of process and methods in NPD: a survey of Swedish industry, in: International Journal of Innovation and Technology Management, 1. Jg., Nr. 1, S. 37-54.

Saatweber, J. (2007): Kundenorientierung durch Quality Function Deployment: Systematisches Entwickeln von Produkten und Dienstleistungen, 2. Auflage, Düsseldorf.

Sackmann, S.A. (2004): Erfolgsfaktor Unternehmenskultur: mit kulturbewusstem Management Unternehmensziele erreichen und Identifikation schaffen, Wiesbaden.

Schaller, C./Rackensperger, D./Ihl, C./Keith, H. (2004): Innovationsmanagement von Dienstleistungen – ein ganzheitlicher Ansatz, in: Luczak, H./Reichwald, R./Spath, D. (Hrsg.): Service Engineering in Wissenschaft und Praxis. Die ganzheitliche Entwicklung von Dienstleistungen, Wiesbaden, S. 123-160.

Scheer, A.-W./Griebele, O./Klein, R. (2006): Modellbasiertes Dienstleistungsmanagement, in: Bullinger, H.-J./Scheer, A.-W. (Hrsg.): Service Engineering. Entwicklung und Gestaltung innovativer Dienstleistungen, Berlin u.a., S. 19-52.

Schmidt, C. (1996a): Personalmanagement-Konzept für Dienstleistungsunternehmen, München u.a.

Schmidt, R. (1996b): Marktorientierte Konzeptfindung für langlebige Gebrauchsgüter: Messung und QFD-gestützte Umsetzung von Kundenforderungen und Kundenurteilen, Wiesbaden.

Schmidt, K./Richter, A. (2006): Differenzierung durch kontinuierliche Dienstleistungsentwicklung, in: Performance Excellence – Zeitschrift für Controlling und Innovationsmanagement (ZfCI), 1. Jg., Nr. 3, S. 28-33.

Schmidt, K./Gleich, R./Richter, A. (Hrsg.) (2007): Innovationsmanagement in der Serviceindustrie: Grundlagen, Praxisbeispiele und Perspektiven, Freiburg u.a.

Schmitt-Grohé, J. (1972): Produktinnovation. Verfahren und Organisation der Neuproduktplanung, Wiesbaden.

Schmookler, J. (1966): Invention and Economic Growth, Cambridge.

Schneider, M. (1998): Innovationen von Dienstleistungen: Organisation von Innovationsprozessen in Universalbanken, Wiesbaden.

Schöler, H. (1990): Quality Function Deployment - eine Methode zur qualitätsgerechten Produktgestaltung, in: VDI-Zentrum Wertanalyse (Hrsg.) (1990): Qualität gestalten – Wert erhöhen: Zukunft sichern, Wertanalyse-Kongreß '90, Tagung Mannheim, 8./9.5.1990, VDI Berichte, o.Jg., Nr. 829, Düsseldorf, S. 129-141.

Scholich, M./Gleich, R./Grobusch, H. (Hrsg.) (2006): Innovation Performance – Das Erfolgsgeheimnis innovativer Dienstleister, Studie der European Business School und PricewaterhouseCoopers AG mit dem Deutschen Zentrum für Luft- und Raumfahrt

Scholich, M./Robers, D.I. (2007): Vom Beginner zum Professional – Innovation bei PricewaterhouseCoopers, in: Schmidt, K./Gleich, R./Richter, A. (Hrsg.): Innovationsmanagement in der Serviceindustrie: Grundlagen, Praxisbeispiele und Perspektiven, 1. Aufl., Freiburg u.a., S. 325-338.

Schröder, H.-H./Zenz, A. (1996): QFD (Quality Function Deployment), in: Kern, W./Schröder, H.-H./Weber, J. (Hrsg.): Handwörterbuch der Produktionswirtschaft, 2. Aufl., Stuttgart, Sp. 1697-1711.

Schulze, H. (2003): Kundenzufriedenheit – was Führung tun kann, um sie zu unterstützen: Arbeitspapier des SL Campus & MAGNIT Institut, elektronisch veröffentlicht unter der URL: http://www.sl-consult.de/dateien/campus/pdf_dateien/Arbeitspapiere_I.pdf, abgerufen am 15.09.2009.

Schumpeter, J. A. (1997): Theorie der wirtschaftlichen Entwicklung – Eine Untersuchung über Unternehmergewinn, Kapital, Kredit, Zins und den Konjunkturzyklus, 9. Aufl., Berlin.

Shingo, S. (1995): Zero Quality Control: Source Inspection and the Poka-Yoke System, Portland.

Sondermann, J.P. (1994): Instrumente des Total Quality Managements: Ein Überblick, in: Stauss, B. (Hrsg.): Qualitätsmanagement und Zertifizierung: von DIN ISO 9000 zum Total Quality Management, Wiesbaden, S. 223-253.

Späth, L. (2007): Bedeutung der Serviceindustrie für die deutsche Volkswirtschaft, in: Schmidt, K./Gleich, R./Richter, A. (Hrsg.): Innovationsmanagement in der Serviceindustrie: Grundlagen, Praxisbeispiele und Perspektiven, Freiburg u.a., S. 17-28.

Specht, D./Beherens, S. (2005): Strategische Planung mit Roadmaps – Möglichkeiten für das Innovationsmanagement und die Personalbedarfsplanung, in: Möhrle, M.G./Isenmann, R. (Hrsg.): Technologie-Roadmapping – Zukunftsstrategien für Technologieunternehmen, 3. Aufl., Berlin, S. 145-164.

Spoher, J. (2008): Services sciences, management and engineering (SSME) and its relation to academic disciplines, in: Stauss, B./Kremer, A./Luhn, A. (Hrsg.): Service Science: Fundamentals, Challenges and Future Developments, Frankfurt, S. 11-40.

Statistisches Bundesamt Deutschland (2009): Dienstleistungen, Finanzdienstleistungen: Strukturwandel in Deutschland, elektronisch veröffentlicht unter der URL: http://www.destatis.de/jetspeed/portal/cms/Sites/destatis/Internet/DE/Navigation/Statistiken/DienstleistungenFinanzdienstleistungen/DienstleistungenFinanzdienstleistungen.psml, abgerufen am 21.07.2009.

Stauss, B. (1991): Dienstleister und die vierte Dimension, in: Harvard Manager, 13. Jg., Nr. 2, S. 81-89.

Stauss, B. (2000a): „Augenblicke der Wahrheit" in der Dienstleistungserstellung. Ihre Relevanz und ihre Messung mit Hilfe der Kontaktpunkt-Analyse, in: Bruhn, M./Stauss, B. (Hrsg.): Dienstleistungsqualität, 3. Aufl., Wiesbaden, S. 321-340.

Stauss, B. (2000b): Internes Marketing als personalorientierte Qualitätspolitik, in: Bruhn, M./Stauss, B. (Hrsg.) (2000): Dienstleistungsqualität: Konzepte, Methoden, Erfahrungen, 3. Aufl., Wiesbaden.

Stauss, B./Bruhn, M. (2004): Dienstleistungsinnovationen – Eine Einführung in den Sammelband, in: Bruhn, M./Stauss, B. (Hrsg.): Dienstleistungsinnovationen: Forum Dienstleistungsmanagement, Wiesbaden, S. 3-27.

Stauss, B./Seidel, W. (2007): Beschwerdemanagement: unzufriedene Kunden als profitable Zielgruppe, 4. Aufl., München u.a.

Staud, E. (1985): Innovation, in: Die Betriebwirtschaft, 45. Jg., Nr. 4, S. 486-487.

Sullivan, L.P. (1986): Quality Function Deployment: A System to assure that customer needs drive the product design and production process, in: Quality Progress, 19. Jg., Nr. 6, S. 39-50.

Sullivan, L.P. (1988): Policy Management through Quality Function Deployment, in: Quality Progress, 21. Jg., Nr. 6, S. 18-20.

Sundbo, J. (1997): Management of innovation in services, in: The Service Industries Journal, 17. Jg., Nr. 3, S. 432-455.

Terrill, C.A./Middlebrooks, A.G. (1996): Service Development, in: Rosenau, M.D./Griffin, A./Castellion, G.A./Anschuetz, N.F. (Hrsg.): The PDMA Handbook of New Product Development, New York, S. 315-330.

Thwaites, D. (1992): Organisational Influences on the New Product Development Process in Financial Services, in: Journal of Product Innovation Management, 9. Jg., Nr. 4, S. 303-313.

Tidd, J./Hull, F.M. (2003): Managing Service Innovation: Variations of Best Practice, in: Tidd, J./Hull. F.M. (Hrsg.): Service Innovation: Organizational Responses to Technological Opportunities & Market Imperatives, London, S. 3-34.

Tilebein, M. (2007): Ideenfindungsprozess und Unterstützungsmethoden, in: Schmidt, K./Gleich, R./Richter, A. (Hrsg.): Innovationsmanagement in der Serviceindustrie: Grundlagen, Praxisbeispiele und Perspektiven, 1. Aufl., Freiburg u.a., S. 111-126.

Tom, G./Lucey, S. (1995): Waiting Time Delays and Customer Satisfaction in Supermarkets, in: Journal of Services Marketing, 9. Jg., Nr. 5, S. 20-29.

Uhlmann, L. (1978): Der Innovationsprozeß in westeuropäischen Industrieländern, Berlin u.a.

Vedin, B.-A. (1980): Large Company Organization and Radical Product Innovation, Lund u.a.

Vermeulen, P./van der Aa, W. (2003): Organizing Innovation in Services, in: Tidd, J./Hull, F.M. (Hrsg.): Service Innovation: Organizational Responses to Technological Opportunities & Market Imperatives, London, S. 35-53.

Vodafone (2009a): Visionen & Werte: Das Unternehmensprogramm Inspired – Strategie, Kultur, Vision, elektronisch veröffentlicht unter der URL: http://www.vodafone.de/unternehmen/ueber-vodafone/151449.html, abgerufen am 10.09.2009.

Vodafone (2009b): Unternehmen, elektronisch veröffentlicht unter der URL: http://www.vodafone.de/unternehmen.html, abgerufen am 10.09.2009.

Von den Eichen, F./Labriola, F./Nippa, M./Wienhold, D. (2007): Strategische Innovationsplanung von Lösungsgeschäft-Anbietern mit dem integrierten Roadmapping-Ansatz, in: Schmidt, K./Gleich, R./Richter, A. (Hrsg.): Innovationsmanagement in der Serviceindustrie: Grundlagen, Praxisbeispiele und Perspektiven, 1. Aufl., Freiburg u.a., S. 373-390.

Wahren, H.-K. (2004): Erfolgsfaktor Innovation: Ideen systematisch generieren, bewerten und umsetzten, Berlin u.a.

Webster, C. (1993): Refinement of the Marketing Culture Scale and the Relationship Between Marketing Culture and Profitability of a Service Firm, in: Journal of Business Research, 26. Jg., Nr. 2, S. 111–131.

Weiber, R./Adler, J. (1995): Positionierung von Kaufprozessen im informationsökonomischen Dreieck: Operationalisierung und verhaltenswissenschaftliche Prüfung, in: Zeitschrift für betriebswirtschaftliche Forschung, 47. Jg., Nr. 2, S. 99-123.

Wildemann, H. (2008): Quality Function Deployment: Die Stimme des Kunden in Entwicklung, Produktion und Zulieferung: QFD-Schulungsunterlage, 14. Aufl., München

Wildner, R. (2006): Echte Innovation oder alter Hut?: Erfolgskriterien der Hersteller und Erwartungen der Verbraucher decken sich nicht immer, in: GfK Panel Services Deutschland GmbH/GfK Nürnberg e.V. (2006): Konsumlust statt Konsumfrust: Innovation als Motor für blockierte Märkte, 4. Ausg., München u.a., S. 72-83.

Wilkins, A. L./Ouchi, W. G. (1983): Efficient Cultures: Exploring the Relationship Between Culture and Organizational Performance, in: Administrative Science Quarterly, 28. Jg., Nr. 3, S. 468–481.

Witte, E. (1973): Organisation für Innovationsentscheidungen: Das Promotoren-Modell, Göttingen.

Wong, P.K./He, Z.-L. (2005): A comparative study of innovation behaviour in Singapore's KIBS and manufacturing firms, in: Service Industries Journals, 25. Jg. Nr. 1, S. 23-42.

Zaltman, G./Duncan, R./Holbeck, J. (1984): Innovations & Organizations, Malabar.

Zangemeister, C. (Hrsg.) (2008): Innovationsmanagement für Dienstleistungen: Leitfaden, Instrumente, Umsetzungshilfen, Köln.

Zeithaml, V.A. (1981): How Consumer Evaluation Processes Differ between Goods and Services, in: Donnelly, J.H./George, W.R. (Hrsg.): Marketing of Services, Chicago, S. 186-190.

Zeithaml, V.A./Parasuraman, A./Berry, L.L (1985): Problems and Strategies in Services Marketing, in: Marketing Journal, 49. Jg., Nr. 2, S. 33-46.

Verzeichnis der Expertengespräche

Dipl.-Kffr. L.A. (Junior Projektmanagerin), Corporate Development – Finanzdienstleistungen, Internationaler Handels- und Dienstleistungskonzern, Hamburg, 07.09.2009, 16:00-17:00 Uhr.

M.D. M.Sc. (Unternehmensberater), Strategy & Change Consulting, Internationales IT- und Beratungsunternehmen, Kiel, 06.09.2009, 16:00-17:00 Uhr.

Dr. S.E. (International Business Manager), After Sales Service, internationaler Handelskonzerns für Gebrauchsgüter, Ingolstadt, 10.09.2009, 18:00-19:00 Uhr.

Dipl.-Kfm. A.K. (Projektmanager), Corporate Development, Internationaler Handels- und Dienstleistungskonzern, Hamburg, 07.09.2009, 14:30-15:30 Uhr.

Dipl.-Kffr. J.S. (Senior Projektmanagerin), Corporate Development – Finanzdienstleistungen, Internationaler Handels- und Dienstleistungskonzern, Hamburg, 07.09.2009, 16:00-17:00 Uhr.

Dipl.-Kffr. (FH) E.W. M.I.B. (Junior Projektmanagerin), Corporate Development – Finanzdienstleistungen, Internationaler Handels- und Dienstleistungskonzern, Hamburg, 07.09.2009, 16:00-17:00 Uhr.

S.S. B.Sc. (Projektmanagerin), Brands & Services Cooperations, Internationaler Handels- und Dienstleistungskonzern, Hamburg, 07.09.2009, 17:30-18:30 Uhr.